Dr. Jaerock Lee

Pewność tego, czego się spodziewamy

URIM BOOKS

> *"A wiara jest pewnością tego,
> czego się spodziewamy, przeświadczeniem o tym,
> czego nie widzimy.*
> *(Hebr. 11:1)*

Pewność tego, czego się spodziewamy
Wiara Dr Jaerock Lee
Opublikowano przez: Urim Books(Przedstawiciel: Johnny. H.kim)
235-3, Guro-dong 3, Guro-gu, Seul Korea
www.urimbook.com

Wszelkie prawa zastrzeżone. Żadna część niniejszej publikacji nie może być reprodukowana, przechowywana jako źródło danych i przekazywana w jakiejkolwiek formie elektronicznej, mechanicznej, kopii, zapisu lub innej, bez uzyskania pisemnej zgody wydawcy.

Chyba że zaznaczono inaczej, cytatu z Pisma Świętego pochodzą z Biblii Warszawskiej.

Copyright © 2009 by Dr. Jaerock Lee
ISBN: 979-11-263-1165-1 03230
Translation Copyright © 2008 by Dr. Esther K. Chung. Used by permission.

Uprzednio opublikowane w języku koreańskim przez wydawnictwo Urim Books w 1990

Wydanie Pierwsze Czerwiec 2008

Edycja: Dr Geumsun Vin
Projekt: Editorial Bureau of Urim Books
Aby uzyskać więcej informacji, należy skontaktować się z nami przez: urimbook@hotmail.com

Przedmowa

Przede wszystkim pragnę podziękować i oddać chwałę Bogu Ojcu, który pomógł nam opublikować tę książkę. Bóg, który jest miłością, posłał swojego ukochanego Syna, Jezusa Chrystusa, jako ofiarę przebłagalną za ludzkość, która była skazana na śmierć z powodu grzechu nieposłuszeństwa Adama i wyznaczył dla nas drogę zbawienia. Wierząc w to, każdy, kto otworzy swoje serce i przyjmie Jezusa Chrystusa jako swojego Zbawiciela otrzyma przebaczenie grzechów, otrzyma dar Ducha Świętego i zostanie uznany za dziecko Boże przez samego Boga. Co więcej, jako dziecko Boże będzie mógł otrzymać wszystko, o co poprosi z wiarą, dzięki czemu będzie prowadzić życie w obfitości i będzie w stanie odnieść zwycięstwo.

Biblia mówi nam, że ojcowie wiary wierzyli w moc Bożą tak, że mogli nawet stworzyć coś z niczego. Doświadczali cudownych dzieł Bożych. Nasz Bóg był taki sam wczoraj, taki sam jest dziś i taki będzie jutro. Dzięki swojej mocy może czynić te same cuda dla tych, którzy wierzą i praktykują słowo Boże zapisane w Biblii.

Podczas mojej służby w ciągu ostatnich dziesięciu lat, byłem świadkiem, jak niezliczona liczba członków kościoła

Manmin otrzymała odpowiedzi na swoje prośby, rozwiązania na różne problemy życiowe dzięki wierze i posłuszeństwo w słowo prawdy tak, że byli w stanie oddawać chwałę Bogu. Ci, którzy uwierzyli w Słowo Boże, które mówi: „A od dni Jana Chrzciciela aż dotąd Królestwo Niebios doznaje gwałtu i gwałtownicy je porywają" (Mat. 11,12), modlili się i praktykowali słowo Boże, aby posiąść większą wiarę, wyglądali wspanialej i piękniej niż cokolwiek innego.

Ta książka została napisana dla ludzi, którzy pragną prowadzić zwycięskie życie w prawdziwej wierze, by uwielbić Boga, rozgłaszać Jego miłość i dzielić się ewangelią Pana.

Przez ostatnie dwie dekady wygłosiłem wiele kazań pt. „Wiara"; z nich wybrałem fragmenty i poukładałem je w odpowiednim porządku, dzięki czemu ta książka mogła zostać opublikowana. Mam nadzieję, że „Wiara: Pewność tego, czego się spodziewamy" odegra rolę latarni, która pokaże drogę do prawdziwej wiary wielu osobom.

Wiatr wieje dokąd chce i pozostaje niewidoczny dla naszych oczu. Jednak, kiedy widzimy, jak poruszają się liście, doświadczamy realności wiatru. Tak samo, mimo że nie możemy zobaczyć Boga gołym okiem, Bóg jest żywy i naprawdę istnieje. Dlatego według wiary w Niego i według naszego pragnienia, będziecie w stanie zobaczyć Boga, usłyszeć Go, wyczuć Jego obecność i doświadczyć Go.

Jaerock Lee

Spis treści

Przedmowa

Rozdział 1
Wiara cielesna i wiara duchowa   · 1

Rozdział 2
Umysł, który skupia się na tym,
co cielesne jest wrogo nastawiony do Boga   · 13

Rozdział 3
Zniszcz wszystkie myśli i teorie   · 29

Rozdział 4
Siej ziarno wiary   · 43

Rozdział 5
'Jeśli możesz?' Wszystko jest możliwe!   · 57

Rozdział 6
Daniel polegał tylko na Bogu   · 71

Rozdział 7
Bóg spełnia nasze potrzeby zanim poprosimy   · 85

Rozdział 1

Wiara cielesna i wiara duchowa

Hebr. 11,1-3

A wiara jest pewnością tego, czego się spodziewamy, przeświadczeniem o tym, czego nie widzimy. Wszak jej zawdzięczają przodkowie chlubne świadectwo. Przez wiarę poznajemy, że światy zostały ukształtowane słowem Boga, tak iż to, co widzialne, nie powstało ze świata zjawisk.

Pastor cieszy się, widząc, że jego trzoda posiada prawdziwą wiarę i uwielbia Boga prawdziwą wiarą. Z jednej strony, kiedy niektórzy wydają świadectwo żywego Boga i świadczą swoim życiem o Chrystusie, pastor raduje się i staje się jeszcze bardziej gorliwy, by realizować zadania powierzone mu przez Boga. Z drugiej strony, kiedy ludzie nie wzrastają w wierze i popadają w pokuszenie, pastor odczuwa ból, a w jego sercu jest niepokój.

Człowiek bez wiary nie może podobać się Bogu i otrzymać odpowiedzi na swoje modlitwy; bez wiary bardzo trudno byłoby mieć nadzieję na niebo i prowadzić odpowiednie życie. Wiara jest podstawą chrześcijańskiego życia. Jest drogą do zbawienia i jest konieczna, by otrzymać odpowiedzi od Boga. W naszych czasach, ponieważ ludzie nie mają pojęcia, czym jest prawdziwa wiara, trudno im takową posiąść. Nie mają pewności zbawienia. Nie chodzą w światłości i nie otrzymują Bożych odpowiedzi, mimo że słowami wyznają, że wierzą w Boga.

Wiara dzieli się na dwie kategorie: wiara cielesna i wiara duchowa. Pierwszy rozdział wyjaśni nam, czym jest prawdziwa wiata i w jaki sposób otrzymać odpowiedź od Boga oraz prowadzenia, by podążać drogą do życia wiecznego przez prawdziwą wiarę.

Wiara cielesna

Jeśli wierzysz w to, co możesz zobaczyć oczami i to, co jest zgodne z twoją wiedzą i myślami, twoja wiara jest wiarą cielesną. Posiadając wiarę cielesną, możesz wierzyć w to, co widzialne. Na przykład, wierzysz, że biurko zrobione jest z drewna. Wiara cielesna nazywana jest również wiarą wypływającą z wiedzy. Dzięki wierze cielesnej wierzymy tylko w to, co jest zgodne z posiadaną przez nas wiedzą i naszymi myślami. Możesz bez wątpienia uwierzyć, że biurko jest zrobione z drewna, ponieważ widziałeś i słyszałeś, że biurko zrobione jest z drewna i masz zrozumienie w tym temacie.

Ludzie mają w mózgu system pamięciowy. Wprowadzają do niego różne informacje już od urodzenia. W komórkach przechowują wiedzę związaną z tym, co widzieli, słyszeli i co zostało im przekazane przez rodziców, rodzeństwo, przyjaciół i sąsiadów, to, czego nauczyli się w szkole i wykorzystują swoją wiedzę w zależności od potrzeb.

Nie każdy element wiedzy przechowywany w mózgu jest prawdą. Słowo Boże jest prawdą, ponieważ trwa na wieku, podczas gdy wiedza tego świata zmienia się i jest mieszanką prawdy i fałszu. Ponieważ nie mają pełnego zrozumienia prawdy, ludzie nie są świadomi fałszu i często mylą go z prawdą. Na przykład, wierzą w teorię ewolucji, ponieważ nauczyli się o niej w szkole, nie znając prawdy ze Słowa Bożego. Ci, którzy dowiedzieli się, że rzeczy powstają tylko z czegoś, co już wcześniej istniało, nie wierzą, że coś może powstać z niczego.

Jeśli człowiek, który ma wiarę cielesną zmuszany jest, by wierzyć, że coś powstało z niczego, wiedza przechowywana w jego mózgu od urodzenia przeszkadza mu, by w to uwierzyć i towarzyszą mu wątpliwości, dlatego trudno mu uwierzyć.

W 3 rozdziale Ew. Jana, faryzeusz żydowski Nikodem przyszedł do Jezusa i dzielił się z Nim swoimi duchowymi przemyśleniami. Podczas rozmowy Jezus powiedział mu: „Jeśli nie wierzycie, gdy wam mówiłem o ziemskich sprawach, jakże uwierzycie, gdy wam będę mówił o niebieskich?" (w. 12).

Rozpoczynając swoje życie chrześcijańskie, przechowujemy wiedzę o Bogu zgodnie z tym, czego się o Nim dowiadujemy. Jednak trudno jest wierzyć od samego początku i wiara nasza może być cielesna. Jeśli człowiek ma wiarę cielesną, pojawiają się wątpliwości i trudno nam żyć zgodnie ze Słowem Bożym, komunikować się z Nim czy przyjąć Jego miłość. Dlatego wiara cielesna nazywana jest wiarą bez uczynków lub martwą wiarą.

Mając tylko wiarę cielesną, nie możemy posiąść zbawienia. Jezus mówi w Ew. Mat. 7,21: „Nie każdy, kto do mnie mówi: Panie, Panie, wejdzie do Królestwa Niebios; lecz tylko ten, kto pełni wolę Ojca mojego, który jest w niebie", a w Ew. Mat. 3,12:

"W ręku jego jest wiejadło, by oczyścić klepisko swoje, i zbierze pszenicę swoją do spichlerza, lecz plewy spali w ogniu nieugaszonym". Krótko mówiąc, jeśli nie praktykujemy Słowa Bożego, a nasza wiara jest wiarą pozbawioną uczynków, nie wejdziemy do Królestwa Niebios.

Wiara duchowa

Jeśli wierzymy w to, czego nie można zobaczyć i to, co nie jest zgodne z ludzkimi myślami i wiedzą, mamy duchową wiarę. Dzięki takiej duchowej wierze jesteśmy w stanie wierzyć, że coś może powstać z niczego.

List do Hebrajczyków 11,1 definiuje wiarę duchową w następujący sposób: „A wiara jest pewnością tego, czego się spodziewamy, przeświadczeniem o tym, czego nie widzimy". Innymi słowy, jeśli patrzymy na to, co wokół nas duchowymi oczami, wszystko wyda nam się rzeczywistością, a kiedy oczami wiary będziemy patrzeć na to, co niewidzialne, przekonanie według którego wierzymy zostaje odsłonięte. Dzięki wierze duchowej, wszystko to, czego nie można uczynić wiarą cielesną, czyli wiarą wynikającą z wiedzy, staje się możliwe – staje się rzeczywistością.

Na przykład, kiedy Mojżesz widział rzeczy oczyma wiary, Morze Czerwone rozstąpiło się i lud izraelski mógł przejść po suchym lądzie (Ks. Wyj. 14,21-22). Kiedy Jozue, następca Mojżesza i jego ludzie patrzyli na Jerycho i okrążali miasto przez siedem dni, a następnie krzyczeli pod murami miasta, miasto upadło (Joz. 6,12-20). Abraham, ojciec wiary, był posłuszny poleceniu Bożemu i chciał oddać swojego jedynego syna Izaaka, który był ziarnem obietnicy Bożej, na ofiarę, ponieważ wierzył, że Bóg będzie w stanie wzbudzić go z martwych (Ks. Rodz. 22,3-12). To jeden powód, dla którego wiara duchowa nazywana jest „wiarą, której towarzyszą uczynki" oraz „żywą wiarą".

W Liście do Hebrajczyków 11,3 czytamy: „Przez wiarę poznajemy, że światy zostały ukształtowane słowem Boga, tak iż to, co widzialne, nie powstało ze świata zjawisk". Niebo i ziemia oraz wszystko, łącznie ze słońcem, księżycem, gwiazdami, drzewami, ptakami, rybami i zwierzętami, zostały stworzone słowem Bożym. On ukształtował człowieka z ziemi. Wszystko to powstało z niczego, a my możemy uwierzyć i zrozumieć to tylko dzięki wierze duchowej.

Nie wszystko jest widoczne dla naszych oczu i nie wszystko jest widoczną rzeczywistością, jednak dzięki mocy Bożej, dzięki Jego słowu, wszystko zostało uczynione. Dlatego wyznajemy, że Bóg jest wszechmocny i wszechwiedzący, i od Niego możemy otrzymać wszystko, o co prosimy z wiarą. Ponieważ wszechmocny Bóg jest naszym Ojcem, a my jesteśmy Jego dziećmi, wszystko czyni dla nas, ponieważ wierzymy.

Aby otrzymać odpowiedź Bożą i doświadczyć cudów dzięki wierze, musimy osiągnąć wiarę duchową zamiast cielesnej. Po pierwsze, musimy zrozumieć, że wiedza przechowywana w mózgu od urodzenia oraz wiara cielesna opierająca się na tej wiedzy przeszkadzają nam w osiągnięciu wiary duchowej. Musimy zniszczyć wiedzę, która powoduje wątpliwości i prowadzi do niewłaściwego zrozumienia. Jeśli słuchamy i rozumiemy Słowo Boże, wiedza duchowa wzrasta, a my stajemy się świadkami znaków i cudów manifestowanych dzięki mocy Bożej i doświadczamy dowodów tego, że Bóg żyje dzięki świadectwom wielu wierzących, a nasze wątpliwości znikają.

Jeśli nasza duchowa wiara wzrasta, możemy żyć zgodnie ze Słowem Bożym, komunikować się z Nim i otrzymać Jego odpowiedzi. Kiedy wątpliwości znikają całkowicie, możemy stać na skale wiary i posiąść silną wiarę, dzięki której możemy prowadzić zwycięskie życie pomimo doświadczeń i prób.

Mówiąc o skale wiary, Jak. 1,6 ostrzega nas: „Ale niech prosi z wiarą, bez powątpiewania; kto bowiem wątpi, podobny jest do fali morskiej, przez wiatr tu i tam miotanej", natomiast Jak. 2,14: „Cóż to pomoże, bracia moi, jeśli ktoś mówi, że ma wiarę, a nie ma uczynków? Czy wiara może go zbawić?".

Dlatego, zachęcam was, byście pamiętali, że tylko jeśli odrzucimy wątpliwości, stoimy na skale wiary i manifestujemy uczynki wiary, można uznać, że posiadamy prawdziwą wiarę duchową, dzięki której możemy uzyskać zbawieni.

Prawdziwa wiara i życie wieczne

Przypowieść o dziesięciu pannach zapisana w 25 rozdziale Ewangelii Mateusza zawiera wiele nauk. Przypowieść mówi nam, że dziesięć panien wzięło swoje lampy i wyszło na spotkanie oblubieńca. Pięć z nich było roztropnych i wzięło ze sobą również olej, idąc na spotkanie oblubieńca, jednak ponieważ pozostałych pięć było głupie i nie zabrało ze sobą oleju, nie mogły spotkać się z oblubieńcem. Przypowieść ta wyjaśnia, że wśród ludzi wierzących, ci którzy prowadzą wierne życie i są przygotowani na przyjście Pana otrzymają zbawienie, podczas gdy inni, które nie są odpowiednio przygotowani, nie otrzymają zbawienia, ponieważ ich wiara jest martwa i nie towarzyszą jej uczynki.

W Mat. 7,22-23 Jezus mówi, że mimo że wielu ludzi prorokuje, wypędza demony i czyni cuda w Jego imieniu, nie każda z tych osób otrzyma zbawienie, ponieważ okaże się, że są kąkolem, który nie wykonywał woli Bożej, ale praktykował bezprawie i popełniał grzechy.

Jak możemy odróżnić pszenicę od kąkolu?

Słownik „Compact Oxford English Dictionary" definiuje

kąkol jako "łuski ziaren lub innych nasiona oddzielone podczas wyłuskiwania lub młócenia". W sensie duchowym kąkol symbolizuje ludzi wierzących, którzy rzekomo żyją zgodnie ze słowem Bożym, jednak czynią zło, a ich serce nie zmienia się pod wpływem prawdy. Co tydzień chodzą do kościoła, oddają dziesięcinę, modlą się do Boga, pomagają słabszym i służą kościołowi, jednak czynią to nie dla Boga, lecz by pokazać się przed ludźmi. Dlatego są uznani za kąkol i nie otrzymają zbawienia.

Pszenica odnosi się do ludzi wierzących, którzy są ludźmi ducha zgodnie ze słowem prawdy Bożej i posiedli wiarę, które nie chwieje się mimo okoliczności. Wszystko czynią w wierze: poszczą i modlą się w wierze, by otrzymać Boże odpowiedzi. Nie postępują dobrze z przymusu, lecz czynią wszystko z radością i dziękczynieniem. Ponieważ postępują zgodnie z głosem Ducha Świętego, są radością dla Boga, ich czyny wypływają z wiary, ich dusza obfituje, a wszystko układa się dobrze w ich życiu i cieszą się dobrym zdrowiem.

Zachęcam was, byście zbadali swoje serca, czy uwielbiacie Boga w prawdzie i w duchu lub czy też poddajecie się bezczynności i bezsensownym myślom, osądzając słowo Boże podczas nabożeństw. Musicie spojrzeć w przeszłość i zobaczyć, czy wasze ofiary były składane z radością czy też w niechęci, a jedynie ze względu na innych. Im silniejsza wasza wiara duchowa, tym więcej uczynków będzie jej towarzyszyć. Jeśli praktykujecie słowo Boże i żyjecie zgodnie z wiarą, będziecie radować się miłością i błogosławieństwami Boga, chodzić z Nim i odniesiecie sukces we wszystkim. Wszystkie błogosławieństwa opisane w Biblii staną się waszym udziałem, ponieważ Bóg jest wierny i spełnia swoje obietnice, jak napisano w Ks. Liczb 23,19: „Bóg nie jest człowiekiem, aby nie dotrzymał słowa Ani synem człowieczym, aby żałował. Czy On powiada, a nie czyni, I mówi, a nie spełnia?".

Jednakże, jeśli uczęszczacie na nabożeństwa i modlicie się regularnie oraz służycie kościołowi gorliwie, jednak nie otrzymujecie tego, co pragnie wasze serce, musicie zrozumieć, że prawdopodobnie jest coś, co nie podoba się Bogu w waszym życiu.

Jeśli macie prawdziwą wiarę, musicie postępować zgodnie ze Słowem Bożym. Zamiast polegać na własnych myślach i wiedzy, powinniście uświadomić sobie, że tylko Słowo Boże jest prawdą i mieć odwagę zniszczyć wszystko, co jest sprzeczne ze Słowem Bożym. Musicie odrzucić wszelkie zło i słuchać gorliwie Słowa Bożego, by osiągnąć uświęcenie dzięki nieustannym modlitwom.

Nieprawdą jest to, że można osiągnąć zbawienie poprzez uczęszczanie do kościoła, słuchanie Słowa Bożego i przechowywanie go jako wiedzy. Jeśli nie praktykujemy Słowa

Bożego, nasza wiara jest martwa i bez uczynków. Tylko jeśli posiądziemy prawdziwą duchową wiarę i będziemy czynić wolę Boga, będziemy mogli wejść do królestwa niebieskiego i cieszyć się życiem wiecznym.

Obyśmy uświadomili sobie, że Bóg pragnie, byśmy posiedli duchową wiarę, której towarzyszą czyny i cieszyli się wiecznym życiem oraz przywilejami dzieci Bożych, które mają prawdziwą wiarę!

Rozdział 2

Umysł, który skupia się na tym, co cielesne jest wrogo nastawiony do Boga

Rzym. 8,5-8

"Bo ci, którzy żyją według ciała, myślą o tym, co cielesne; ci zaś, którzy żyją według Ducha, o tym, co duchowe. Albowiem zamysł ciała, to śmierć, a zamysł Ducha, to życie i pokój. Dlatego zamysł ciała jest wrogi Bogu; nie poddaje się bowiem zakonowi Bożemu, bo też nie może. Ci zaś, którzy są w ciele, Bogu podobać się nie mogą"

Jest wielu ludzi, którzy uczęszczają do kościoła i wyznają swoją wiarę w Jezusa Chrystusa. To radosna i dobra wiadomość. Jednak Pan Jezus w Ew. Mat. 7,21 mówi: "Nie każdy, kto do mnie mówi: Panie, Panie, wejdzie do Królestwa Niebios; lecz tylko ten, kto pełni wolę Ojca mojego, który jest w niebie". W Ew. Mat. 7,22-23 dodaje: „W owym dniu wielu mi powie: Panie, Panie, czyż nie prorokowaliśmy w imieniu twoim i w imieniu twoim nie wypędzaliśmy demonów, i w imieniu twoim nie czyniliśmy wielu cudów? A wtedy im powiem: Nigdy was nie znałem. Idźcie precz ode mnie wy, którzy czynicie bezprawie".

W Jak. 2,26 czytamy: „Bo jak ciało bez ducha jest martwe, tak i wiara bez uczynków jest martwa". Dlatego musimy mieć wiarę, której towarzyszą uczynki posłuszeństwa, abyśmy mogli zostać uznani za prawdziwe dzieci Boże, które otrzymają to, o co proszą.

Kiedy przyjmujemy Jezusa jako swojego Zbawiciela, cieszymy się i służymy prawu Bożemu naszym umysłem. Jednakże, jeśli nie przestrzegamy Bożych przykazań, służymy prawu grzechu naszym ciałem i nie jesteśmy radością dla Boga. Nasze cielesne myśli powodują niechęć do Boga, przez co nie jesteśmy w stanie być posłuszni prawu Bożemu.

Jednak, jeśli odrzucimy cielesne myśli i zastąpimy je myślami duchowymi, Duch Boży może nas prowadzić, będziemy zachowywać Jego przykazania i będziemy radością w oczach

Bożych, wypełniając Jego prawo z miłością. Dlatego Jego obietnica, że „Wszystko jest możliwe dla tego, kto wierzy" wypełni się.

Przyjrzyjmy się różnicy między myślami duchowymi i cielesnymi. Zobaczmy, dlaczego myśli cielesne są wrogie Bogu oraz, jak możemy unikać cielesnych myśli i chodzić zgodnie z wolą Ducha Świętego, sprawiając radość Bogu.

Człowiek cielesny myśli o pragnieniach cielesnych, podczas gdy człowiek duchowy pragnie tego, co duchowe

1) Ciało i pragnienia ciała

W Biblii znajdujemy terminologię taką jak "ciało", "rzeczy cielesne", "pragnienia cielesne" i „czyny cielesne". Słowa te mają podobne znaczenie i wszystkie marnieją i znikają, kiedy odchodzimy z tego świata.

Czyny/dzieła cielesne są opisane w Liście do Galacjan 5,19-21: „Jawne zaś są uczynki ciała, mianowicie: wszeteczeństwo, nieczystość, rozpusta, bałwochwalstwo, czary, wrogość, spór, zazdrość, gniew, knowania, waśnie, odszczepieństwo, zabójstwa, pijaństwo, obżarstwo i tym podobne; o tych zapowiadam wam, jak już przedtem zapowiedziałem, że ci, którzy te rzeczy czynią, Królestwa Bożego nie odziedziczą".

W Liście do Rzymian 13,12-14, apostoł Paweł ostrzega nas przed pragnieniami ciała, mówiąc: „Noc przeminęła, a dzień się przybliżył. Odrzućmy tedy uczynki ciemności, a obleczmy się w zbroję światłości. Postępujmy przystojnie jak za dnia, nie w biesiadach i pijaństwach, nie w rozpustach i rozwiązłości, nie w swarach i zazdrości; ale obleczcie się w Pana Jezusa Chrystusa i nie czyńcie starania o ciało, by zaspokajać pożądliwości".

Mamy umysł i mamy myśli. Jeśli pielęgnujemy grzeszne pragnienia i fałsz w naszym umyśle, takie grzeszne pragnienia i fałsz są pragnieniami ciała i jeśli nasze grzeszne pragnienia przekładają się na czyny, są uczynkami ciała. Pragnienia i uczynki ciała są niezgodne z prawdą, więc nikt kto pobłaża sobie nie odziedziczy królestwa Bożego.

Dlatego Bóg ostrzega nas w 1 Liście do Koryntian 6,9-10: „Albo czy nie wiecie, że niesprawiedliwi Królestwa Bożego nie odziedziczą? Nie łudźcie się! Ani wszetecznicy, ani bałwochwalcy, ani cudzołożnicy, ani rozpustnicy, ani mężołożnicy, ani złodzieje, ani chciwcy, ani pijacy, ani oszczercy, ani zdziercy Królestwa Bożego nie odziedziczą" oraz w 1 Liście do Koryntian 3,16-17: „Czy nie wiecie, że świątynią Bożą jesteście i że Duch Boży mieszka w was? Jeśli ktoś niszczy świątynię Bożą, tego zniszczy Bóg, albowiem świątynia Boża jest święta, a wy nią jesteście".

Jak napisano w powyższych fragmentach, musimy sobie uświadomić, że niesprawiedliwy człowiek, który popełnia grzechy i zło nie może odziedziczyć królestwa Bożego – ci, którzy czynią uczynki ciała nie mogą być zbawieni. Bądźcie czujni, aby nie popaść w pokuszenie jak ci, którzy mówią, że można osiągnąć zbawienie poprzez uczęszczanie do kościoła. W imieniu Pana Jezusa błagam, byście nie popadli w pokuszenie i dogłębnie studiowali Słowo Boże.

2) Duch i pragnienia Ducha

Człowiek składa się z ducha, duszy i ciała; nasze ciało przemija. Ciało jest jedynie mieszkaniem dla ducha i duszy. Duch i dusza są nieprzemijające i kierują naszym umysłem i dają nam życie.

Duch dzieli się na dwie kategorie: duch, który należy do Boga i duch, który nie należy do Boga. Dlatego w 1 Jana 4,1 czytamy: „Umiłowani, nie każdemu duchowi wierzcie, lecz badajcie duchy, czy są z Boga, gdyż wielu fałszywych proroków wyszło na ten świat".

Duch Boży pomaga nam wyznać, że Jezus przyszedł w ciele i prowadzi nas do poznania tego, co daje Bóg (1 Jana 4,2; 1 Kor. 2,12).

Jezus powiedział w Ew. Jana 3,6: „Co się narodziło z ciała, ciałem jest, a co się narodziło z Ducha, duchem jest". Jeśli przyjmujemy Jezusa i otrzymujemy Ducha Świętego, Duch Święty wypełnia nasze serca, wzmacnia nas, byśmy rozumieli Słowo Boże, pomaga nam prowadzić życie zgodne z prawdą i prowadzi nas, byśmy stali się ludźmi ducha. Kiedy Duch Święty wypełnia nasze serca, ożywia naszego ducha, więc mówi się, że rodzimy się na nowo z Ducha i stajemy uświęceni przez obrzezanie serca.

Nasz Pan Jezus powiedział w Ew. Jana 4,24: „Bóg jest duchem, a ci, którzy mu cześć oddają, winni mu ją oddawać w duchu i w prawdzie". Duch należy do świata czwartego wymiaru, więc Bóg, który jest duchem, nie tylko widzi serca każdego z nas, ale również wszystko o nas wie.

W Jan 6,63 czytamy: „Duch ożywia. Ciało nic nie pomaga. Słowa, które powiedziałem do was, są duchem i żywotem". Jezus wyjaśnia nam, że Duch Święty daje życie, a Słowo Boże jest duchem.

W Ew. Jana 14,16-17 czytamy: „Ja prosić będę Ojca i da wam

innego Pocieszyciela, aby był z wami na wieki - Ducha prawdy, którego świat przyjąć nie może, bo go nie widzi i nie zna; wy go znacie, bo przebywa wśród was i w was będzie". Jeśli otrzymujemy Ducha Świętego i stajemy się dziećmi Bożymi, Duch Święty prowadzi nas do prawdy. Duch Święty zamieszkuje w tych, którzy przyjmują Pana i ożywia ich ducha. Prowadzi do prawdy i pomaga sobie uświadomić sprawiedliwość, żałować za grzechy i odwrócić się od nich. Jeśli nie kroczymy w prawdzie, Duch Święty cierpi, sprawia, że odczuwamy wyrzuty sumienia, zachęca nas, byśmy uświadomili sobie nasze grzechy i osiągnęli uświęcenie.

Ponadto, Duch Święty nazywany jest Duchem Bożym (1 Kor. 12,3) i Duchem Pańskim (Dz. Ap. 5,9; 8,39). Duch Boży jest wieczną Prawdą i daje życie oraz prowadzi do życia wiecznego.

Z drugiej strony duch, który nie należy do Boga, lecz jest przeciwny Duchowi Bożemu nie wyznaje, że Jezus przyszedł w ciele na ten świat i nazywany jest duchem tego świata (1 Kor. 2,12), duchem antychrysta (1 Jana 4,3), duchem fałszywym (1 Tym. 4,1) oraz duchem nieczystym (Ap. 16,13). Wszystkie te duchy pochodzą od diabła. Nie są duchem prawdy. Te duchy to duchy fałszywe, które nie dają życia, natomiast prowadzą ludzi do zniszczenia.

Duch Święty odnosi się do doskonałego Ducha Bożego i dlatego, kiedy przyjmujemy Jezusa Chrystusa i stajemy się dziećmi Bożymi, otrzymujemy Ducha Świętego, Duch Święty ożywia naszego ducha i sprawiedliwość, wzmacnia nas, byśmy wydawali owoce Ducha Świętego i byli światłością. Kiedy stajemy się podobnymi do Boga przez działanie Ducha Świętego, będziemy przez Niego prowadzeni, nazwani synami Boga, a do Boga będziemy się zwracać: „Abba, Ojcze!", ponieważ otrzymamy ducha synostwa (Rzym. 8,12-15).

Dlatego, jeśli prowadzi nas Duch Święty, będziemy wydawać dziewięć owoców Ducha Świętego: miłość, radość, pokój, cierpliwość, uprzejmość, dobroć, wierność, delikatność i samokontrolę (Gal. 5,22-23). Będziemy również wydawać owoc sprawiedliwości oraz owoce Światłości, czyli dobroć, sprawiedliwość i prawdę, dzięki którym osiągniemy zbawienie (Efez. 5,9).

Myśli cielesne prowadzą do śmierci, a myśli duchowe prowadzą do życia i pokoju

Jeśli postępujemy zgodnie z pragnieniami ciała, nasz umysł jest nastawiony na to, co cielesne. Żyjemy zgodnie z ciałem i popełniamy grzechy. Zgodnie ze Słowem Bożym, które mówi, że karą za grzech jest śmierć, nie ma dla nas innej drogi, jak tylko droga do śmierci. Dlatego Pan pyta nas: „Cóż to pomoże, bracia moi, jeśli ktoś mówi, że ma wiarę, a nie ma uczynków? Czy wiara może go zbawić? Tak i wiara, jeżeli nie ma uczynków, martwa jest sama w sobie" (Jak. 2,14.17).

Jeśli skupiamy się na sprawach cielesnych, nie tylko powoduje to grzech i cierpienie na ziemi, ale również sprawia, że nie będziemy mogli odziedziczyć królestwa niebieskiego. Należy o tym pamiętać i odrzucić uczynki ciała, abyśmy mogli zyskać życie wieczne (Rzym. 8,13).

Natomiast, jeśli postępujemy zgodnie z prowadzeniem Ducha, nasz umysł wypełniony jest Duchem Świętym i staramy się żyć w prawdzie. Duch Święty pomoże nam zwalczyć zło i szatana, odrzucić fałsz i chodzić w prawdzie, a dzięki temu staniemy się uświęceni.

Przypuśćmy, że ktoś spoliczkował cię bez powodu. Możesz odczuwać gniew, jednak możesz też odrzucić myśli cielesne i postępować zgodnie z wolą Ducha Świętego, przypominając sobie ukrzyżowanie Jezusa. Ponieważ Słowo Boże mówi nam, byśmy nadstawili drugi policzek i radowali się we wszystkich okolicznościach, będziemy w stanie przebaczyć, okazać cierpliwość i służyć innym. W konsekwencji, nie musimy odczuwać niepokoju. Dzięki temu nasze serce będzie pełne pokoju. Dopóki nie staniemy się uświęceni, będziemy odczuwać gniew tak długo, jak długo zło będzie w nas. Jednak, kiedy odrzucimy zło, będziemy kochać ludzi pomimo ich wad. Dlatego, jeśli nastawiamy umysł na rzeczy duchowe, szukamy tego, co duchowego i chodzimy w Słowie prawdy. Dzięki temu możemy zyskać zbawienie i prawdziwe życie, które będzie pełne pokoju i błogosławieństw.

Cielesne myśli są wrogo nastawione w stosunku do Boga

Myśli cielesne przeszkadzają nam w modlitwie, podczas gdy myśli duchowe zachęcają nas do modlitwy. Myśli cielesne prowadzą do wrogości i kłótni, natomiast myśli duchowe prowadzą do miłości i pokoju. Podobnie, myśli cielesne są sprzeczne z prawdą, są wolą i myślami wroga. Dlatego, jeśli będziemy postępować zgodnie z myślami cielesnymi, powstanie mur między nami a Bogiem, który będzie przeszkadzał nam w realizowaniu woli Bożej w naszym życiu.

Myśli cielesne nie przynoszą pokoju, lecz troski, lęki i problemy. Myśli cielesne są bez znaczenia i nie przynoszą żadnych korzyści. Nasz Ojciec Bóg jest wszechmocny i wszechwiedzący, jako Stworzyciel panuje nad niebem i ziemią oraz wszystkim, co w nich jest, również duchami i ciałami. Czy jest coś czego nie mógłby nam dać jako ukochanym dzieciom? Gdyby twój ojciec był prezesem wielkiej firmy, nie musiałbyś martwić się o pieniądze. Gdyby zaś twój ojciec był lekarzem, nie musiałbyś się martwić o zdrowie.

Jak napisano w Ew. Marka 9,23: „A Jezus rzekł do niego: Co się tyczy tego: Jeżeli coś możesz, to: Wszystko jest możliwe dla wierzącego". Myśli duchowe rodzą wiarę i pokój, podczas gdy myśli cielesne przeszkadzają w realizacji woli Bożej, ponieważ przynoszą troski, lęki i problemy. Dlatego w Rzym. 8,7 czytamy: „Dlatego zamysł ciała jest wrogi Bogu; nie poddaje się bowiem zakonowi Bożemu, bo też nie może".

Jesteśmy dziećmi Boga, które służą Bogu i nazywają Go „Ojcem". Jeśli brakuje nam radości, czujemy się obciążeni, zniechęceni i zatroskani, nasze myśli są myślami cielesnymi podsuwanymi przez szatana. Musimy okazać skruchę, odwrócić się od nich i szukać myśli duchowych, ponieważ dzięki nim będziemy mogli poddać się Bogu i być Mu posłusznymi.

Ludzie, którzy żyją w ciele nie mogą podobać się Bogu

Ci, których umysły są przepełnione rzeczami ziemskimi, postępują niezgodnie z wolą Bożą i potrafią poddać się prawu Bożemu. Są nieposłuszni i nie mogą podobać się Bogu. Cierpią z powodu prób i problemów.

Abraham, ojciec wiary, zawsze skupiał się na tym, co duchowe, dlatego był w stanie okazać posłuszeństwo poleceniu Bożemu, by oddał swojego syna Izaaka na ofiarę całopalną. Natomiast król Saul, który postępował zgodnie ze swoimi myślami cielesnymi, porzucił Boga. Jonasz przeżył wielki sztorm i został połknięty przez wielką rybę. Izraelici musieli cierpieć przez 40 lat, wędrując po pustyni po wyjściu z Egiptu.

Kiedy postępujemy zgodnie z myślami duchowymi i wydajemy uczynki wiary, otrzymamy to, czego pragnie nasze serce zgodnie z obietnicą zapisaną w Ps. 37,4-6: „Rozkoszuj się Panem, A da ci, czego życzy sobie serce twoje! Powierz Panu drogę swoją, Zaufaj mu, a On wszystko dobrze uczyni. Wyniesie jak światło sprawiedliwość twoją, A prawo twoje jak słońce w południe".

Każdy, kto prawdziwie wierzy Bogu musi odrzucić wszelkie nieposłuszeństwo spowodowane czynami szatana, musi zachowywać przykazania Boże i czynić to, co podoba się Bogu. Stanie się wtedy człowiekiem ducha, który może otrzymać to, o co prosi Boga.

W jaki sposób możemy wydawać czyny Ducha?

Jezus, który jest Synem Bożym, przyszedł na ziemię i stał się ziarnem pszenicy dla grzeszników i umarł za nich. Wytyczył ścieżkę zbawienie dla każdego, kto akceptuje Go i staje się dzieckiem Bożym, wydając wiele owoców. Jego myśli były myślami duchowymi i zawsze okazywał posłuszeństwo woli Bożej; przywracał życie umarłym, uzdrawiał chorych z wszelkich chorób i budował królestwo Boże.

Co możemy zrobić, by postępować tak jak Jezus i podobać się Bogu?

Po pierwsze, musimy żyć dzięki pomocy Ducha Świętego otrzymywanej poprzez modlitwę.

Jeśli się nie modlimy, szatan będzie miał na nas wpływ i będziemy żyć zgodnie z myślami cielesnymi. Jednakże, jeśli modlimy się bez ustanku, sprzeciwiamy się grzechowi, nie osądzamy, postępujemy zgodnie z pragnieniami Ducha Świętego i jesteśmy sprawiedliwi w oczach Bożych. Nawet Syn Boży, Jezus, czynił działa Boże dzięki modlitwie. Wolą Bożą jest, byśmy modlili się bez ustanku. Kiedy nie przestajemy się modlić, nasze myśli będą myślami duchowymi i będziemy podobać się Bogu.

Po drugie, nasze czyny muszą być czynami duchowymi nawet jeśli nie chcemy. Wiara bez uczynków jest tylko wiedzą. To martwa wiara. Jeśli wiemy, co mamy robić, a nie robimy tego, popełniamy grzech. Więc, jeśli chcemy postępować zgodnie z wolą Bożą i podobać Mu się, musimy mieć uczynki wiary.

Po trzecie, musimy żałować za grzechy i otrzymać moc z góry, abyśmy posiedli wiarę, które towarzyszą uczynki. Ponieważ myśli cielesne są wrogo nastawione do Boga, nie podobają Mu się i budują mur między Bogiem a nami, musimy okazać skruchę i odrzucić je. Skrucha jest potrzebna w dobrym chrześcijańskim życiu, jednak aby odrzucić myśli cielesne, musimy oczyścić serce i żałować za grzechy.

Jeśli popełniamy grzechy, o których wiemy, że nie powinniśmy ich popełniać, odczuwamy dyskomfort. Jeśli okażemy skruchę w modlitwie, troski i lęki nas opuszczą, poczujemy się ożywieni, pojednani z Bogiem, odzyskamy pokój i otrzymamy to, czego pragnie nasze serce. Jeśli będziemy modlić się, by odrzucić zło z naszego życia, okażemy skruchę za grzechy, nasze serce zostanie oczyszczone. Nasze grzeszne nastawienie zostanie spalone w ogniu Ducha Świętego, a mur grzechu zostanie zniszczony. Wtedy będziemy w stanie żyć zgodnie z prowadzeniem Ducha Świętego i podobać się Bogu.

Jeśli czujecie się obciążeni po tym, jak otrzymaliście Ducha Świętego poprzez wiarę w Jezusa Chrystusa, jest to wynikiem świadomości myśli cielesnych, które są sprzeczne z wolą Bożą. Więc musimy zniszczyć mur grzechu gorliwymi modlitwami i postępować zgodnie z pragnieniami Ducha Świętego oraz czynić to, co Duch Święty podpowiada nam w myślach duchowych. W konsekwencji, pokój i radość wypełnią nasze serce, otrzymamy odpowiedzi na nasze modlitwy i pragnienia.

Jezus w Ew. Mar. 9, 23 powiedział: „A Jezus rzekł do niego: Co się tyczy tego: Jeżeli coś możesz, to: Wszystko jest możliwe dla wierzącego". Niech każdy z nas odrzuci myśli cielesne, które są przeciwne woli Bożej i kroczy w wierze zgodnie z dziełem Ducha Świętego, abyśmy mogli podobać się Bogu, wydawać obfite owoce i wywyższać Jego królestwo w imieniu Pana Jezusa Chrystusa modlę się o to!

Rozdział 3

Zniszcz wszystkie myśli i teorie

2 Kor. 10,3-6

„Bo chociaż żyjemy w ciele, nie walczymy cielesnymi środkami. Gdyż oręż nasz, którym walczymy, nie jest cielesny, lecz ma moc burzenia warowni dla sprawy Bożej; nim też unicestwiamy złe zamysły i wszelką pychę, podnoszącą się przeciw poznaniu Boga, i zmuszamy wszelką myśl do poddania się w posłuszeństwo Chrystusowi, gotowi do karania wszelkiego nieposłuszeństwa, gdy posłuszeństwo wasze będzie całkowite".

Wiarę można podzielić na dwie kategorie: duchową i cielesną. Wiara cielesna może być nazywana wiarą, która jest wiedzą. Kiedy po raz pierwszy słuchamy Słowa Bożego, posiadamy wiedzę. To wiara cielesna. Jednak, jeśli rozumiemy i praktykujemy słowo, możemy posiąść wiarę duchową.

Jeśli rozumiecie duchowe znaczenie słowa prawdy Bożej i budujemy wiarę, praktykując je, Bóg będzie się radował i da nam wiarę duchową. Dzięki duchowej wierze otrzymanej z góry, otrzymamy odpowiedzi na modlitwy i rozwiązania na nasze problemy oraz doświadczymy spotkania z żywym Bogiem.

Przez to doświadczenie, porzucamy wątpliwości, ludzkie myśli i teorie zostają zniszczone, a my stoimy na skale wiary, która nigdy się nie zachwieje w żadnych próbach ani problemach.

Jeśli staniemy się ludźmi prawdy, a nasze serce będzie podobne do serca Jezusa, oznacza to, że podstawy nasze wiary są pewne. Dzięki takim podstawom wiary, możemy otrzymać wszystko, o co poprosimy w wierze.

Tak jak powiedział Pan Jezus w Ew. Mat. 8,13: „Idź, a jak uwierzyłeś, niech ci się stanie!", jeśli posiądziemy pełną wiarę duchową, będzie to wiara, dzięki której otrzymamy wszystko, o co poprosimy. Możemy prowadzić życie, które będzie uwielbieniem dla Boga we wszystkim, co robimy. Będziemy mieszkać w miłości i sile Bożej oraz staniemy się radością dla Boga.

Teraz przyjrzyjmy się kilku kwestiom związanych z wiarą duchową. Jakie są przeszkody, które uniemożliwiają nam zdobycie duchowej wiary? W jaki sposób możemy posiąść duchową wiarę? Jakie błogosławieństwa otrzymali ojcowie duchowej wiary, o których czytamy w Biblii? Na koniec zastanowimy się, dlaczego ludzie, których myśli są cielesne, będą zgubieni.

Przeszkody, uniemożliwiające zdobycie duchowej wiary

Dzięki duchowej wierze możemy mieć komunikację z Bogiem. Możemy wyraźnie słyszeć głos Ducha Świętego. Możemy otrzymać odpowiedzi na nasze modlitwy i prośby. Możemy uwielbiać Boga we wszystkim, co robimy. Będziemy prowadzić życie, które będzie rozpoznane jako życie w Bogu.

Dlaczego więc ludzie mają kłopot w zdobycie duchowej wiary? Przyjrzyjmy się czynnikom utrudniającym nam zdobycie duchowej wiary?

1) Cielesne myśli

W Rzym. 8,6-7 czytamy: „Albowiem zamysł ciała, to śmierć, a zamysł Ducha, to życie i pokój. Dlatego zamysł ciała jest wrogi Bogu; nie poddaje się bowiem zakonowi Bożemu, bo też nie może".

Umysł może być podzielony na dwie części: cielesną i duchową. Cielesny umysł odnosi się do wszystkich myśli przechowywanych w ciele, zawierających wiele fałszu. Cielesne myśli są myślami grzesznymi, ponieważ nie są zgodne z wolą Bożą. Ich skutkiem jest śmierć, jak napisano w Rzym. 6,23: „Karą za grzech jest śmierć". Natomiast umysł duchowy odnosi się do myśli prawdziwych i zgodnych z wolą Bożą – sprawiedliwością i dobrocią. Myśli duchowe prowadzą do życia i dają pokój.

Na przykład, przypuśćmy, że dotykają nas trudności i doświadczenia, z którymi nie potrafimy sobie poradzić ludzką siłą i umiejętnościami. Myśli cielesne powodują lęki i obawy, ale myśli duchowe pozwalają odrzucić troski i oddawać dziękczynienie poprzez słowo Boże: „Zawsze się radujcie. Bez przystanku się módlcie. Za wszystko dziękujcie; taka jest bowiem wola Boża w Chrystusie Jezusie względem was" (1 Tes. 5,16-18).

Dlatego, myśli duchowe są całkowicie przeciwne myślom cielesnym, więc mając myśli cielesne nie jesteśmy poddani prawu Bożemu. Dlatego myśli cielesne są wrogo nastawione do Boga i przeszkadzają nam w zdobyciu wiary duchowej.

2) Uczynki ciała

Uczynki ciała odnoszą się do grzechów i zła objawiającego się w czynach, zgodnie z definicją zapisaną w Gal. 5,19-21: „Jawne zaś są uczynki ciała, mianowicie: wszeteczeństwo, nieczystość, rozpusta, bałwochwalstwo, czary, wrogość, spór, zazdrość, gniew, knowania, waśnie, odszczepieństwo, zabójstwa, pijaństwo, obżarstwo i tym podobne; o tych zapowiadam wam, jak już przedtem zapowiedziałem, że ci, którzy te rzeczy czynią, Królestwa Bożego nie odziedziczą".

Jeśli nie odrzucimy uczynków ciała, nie posiądziemy wiary duchowej ani nie odziedziczymy królestwa Bożego. Dlatego uczynki ciała przeszkadzają nam w zdobyciu wiary duchowej.

3) Różne teorie

Słownik Webstera definiuje 'teorię' jako 'doktrynę lub schemat rzeczy, który kończy się spekulacjami lub rozmyślaniami bez wglądu w praktykę; hipoteza; spekulacja' lub 'ogólne lub abstrakcyjne zasady nauki'. Takie pojęcie teorii jest częścią wiedzy, która popiera stworzenie czegoś z niczego, jednak nie pomaga w uzyskaniu duchowej wiary, a raczej ogranicza nas i uniemożliwia zdobycie duchowej wiary.

Zastanówmy się na dwiema teoriami: stworzeniem i ewolucją. Większość ludzi uczy się w szkole, że człowiek powstał z małpy.

Biblia natomiast mówi nam, że Bóg stworzył człowieka. Jeśli wierzymy we wszechmocnego Boga, musimy opowiedzieć się za stworzeniem, nawet jeśli szkoła uczy nas teorii ewolucji.

Tylko, jeśli odwrócimy się o teorii ewolucji, której nauczono nas w szkole i opowiemy się za stworzeniem, możemy posiąść wiarę duchową. W innym przypadku, wszystkie teorie przeszkadzają nam w zdobyciu wiary duchowej, ponieważ nie jest możliwe, by wierzyć, że coś powstało z niczego, jeśli popieramy teorię ewolucji. Na przykład, nawet z rozwojem nauki ludzie nie są w stanie uczynić ziarna życia, spermy ani jajeczka. Dlatego, jakże może być możliwe, by wierzyć, że coś zostało zrobione z niczego, chyba że mamy duchową wiarę.

Dlatego, musimy odrzucić tego rodzaju argumenty i teorie oraz dumę i wszystkie weryfikować w oparciu o prawdziwą wiedzę Bożą, sprawiając, że każda nasza myśli podlega Chrystusowi.

Saul postępuje zgodnie z myślami cielesnymi i okazuje nieposłuszeństwo

Saul był pierwszym królem Izraela, jednak nie żył zgodnie z wolą Bożą. Został wybrany na króla na życzenie ludu. Bóg polecił mu zaatakować Amalekitów i zniszczyć wszystko, oraz zabić mężczyzn, kobiety, dzieci i niemowlęta, woły i owce, wielbłądy i osły, nie zachowując nikogo przy życiu. Król Saul pokonał Amalekitów i odniósł wielkie zwycięstwo. Jednak nie posłuchał polecenia Bożego i zachował owce i woły.

Saul postępował zgodnie z myślami cielesnymi i zachował Agaga oraz najlepsze owce, woły, świnie i baranki, oraz wszystko, co było dobre i nadawało się na ofiarę dla Boga. Nie chciał zniszczyć wszystkiego. Czyn ten był nieposłuszeństwem i arogancją w oczach Bożych. Bóg napomniał go za złe czyny przez proroka Samuela, aby mógł ukorzyć się i odwrócić od zła. Jednak król Saul czynił wymówki i upierał się przy własnej sprawiedliwości (1 Sam. 15,2-21).

W dzisiejszych czasach jest wielu ludzi, którzy postępują jak Saul. Nie są świadomi swojego oczywistego nieposłuszeństwa ani nie uznają napomnień. Zamiast tego, czynią wymówki i upierają się, że postępują dobrze – ich myśli to myśli cielesne. W końcu okazuje się, że są ludźmi, którzy postępują nieposłusznie tak jak Saul. Ponieważ 100 z 100 ludzi ma różne zdania, jeśli chcą postępować zgodnie z własnymi zapatrywaniami, nie będzie między nimi jedności. Jeśli postępują zgodnie z własnymi myślami, są nieposłuszni. Jednak jeśli postępują zgodnie z prawdą Bożą, będą posłuszni i jednomyślni.

Bóg posłał proroka Samuela do Saula. Saul nie był posłuszny

słowu Bożemu ani nie posłuchał tego, co powiedział mu prorok: „Gdyż nieposłuszeństwo jest takim samym grzechem, jak czary, a krnąbrność, jak bałwochwalstwo i oddawanie czci obrazom. Ponieważ wzgardziłeś rozkazem Pana, więc i On wzgardził tobą i nie będziesz królem" (1 Sam. 15,23).

Podobnie, jeśli ktoś polega na ludzkich myślach i nie postępuje zgodnie z wolą Bożą, okazuje nieposłuszeństwo Bogu i jeśli nie uświadomi sobie tego nieposłuszeństwa ani nie odwróci się od niego, zostanie porzucony przez Boga tak jak Saul.

W 1 Sam. 15,22 Samuel napomniał Saula, mówiąc: „Czy takie ma Pan upodobanie w całopaleniach i w rzeźnych ofiarach, co w posłuszeństwie dla głosu Pana? Oto: Posłuszeństwo lepsze jest niż ofiara, a uważne słuchanie lepsze niż tłuszcz barani". Bez względu na to, jak właściwe wydają się myśli, jeśli są sprzeczne ze Słowem Bożym, musimy okazać skruchę i natychmiast się od nich odwrócić. Ponadto, musimy upewnić się, że nasze myśli są zgodne z wolą Bożą.

Ojcowie wiary posłuszni Słowu Bożemu

Dawid był drugim królem Izraela. Nie postępował według swoich myśli już od dzieciństwa, jednak chodzi w wierze ze swoim Bogiem. Nie bał się niedźwiedzi ani lwów, kiedy pilnował trzody, a czasami walczył z nimi i pokonywał ich dzięki wierze, ratując swoje stada. Dzięki wierze pokonał Goliata, bojownika Filistyńczyków. Jednak w jego życiu była sytuacja, kiedy okazał nieposłuszeństwo Bogu. Dawid był już królem. Został napomniany przez proroka, nie miał wymówek, lecz natychmiast okazał skruchę i odwrócił się od zła, dzięki czemu doświadczył jeszcze większego uświęcenia. Dlatego, między Saulem, człowiekiem o cielesnych myślach i Dawidem, człowiekiem ducha istnieje ogromna różnica (1 Sam. 12,13).

Kiedy Mojżesz pasł owce na pustyni przez 40 lat, zniszczył myśli i teorie cielesne, był skromny przez Bogiem i został powołany, by wyprowadzić naród izraelski z Egiptu.

Według myśli ludzkich, Abraham nazwał swoją żonę 'siostrą'. Kiedy stał się człowiekiem ducha dzięki doświadczeniom, był posłuszny słowu Bożemu, kiedy Bóg nakazał oddać mu swojego syna Izaaka w ofierze. Gdyby polegał na myślach cielesnych, nie byłby w stanie okazać posłuszeństwa. Izaak był jego jedynym synem, który urodził się w późnych latach życia Abrahama – był spełnieniem obietnicy Bożej. Tak więc, myśląc po ludzku, mógł uznać, że to niewłaściwe i niemożliwe, by pociąć swojego syna na kawałki jak zwierzę i złożyć w ofierze całopalnej. Abraham nigdy nie narzekał, a zamiast tego wierzył Bogu, myśląc, że Bóg może przywrócić Jego synowi życie – dlatego okazał posłuszeństwo

(Hebr. 11,19).

Naaman, przywódca armii króla Aramu, był szanowany i lubiany przez króla, jednak dotknął go trąd i Naaman przyszedł do Eliasza z prośbą o uzdrowienie. Przyniósł ze sobą wiele darów, jednak Eliasz nie wpuścił go do siebie, a zamiast tego wysłał sługę, by mu powiedział: „Idź i obmyj się siedem razy w Jordanie, a twoje ciało wróci do zdrowia i będziesz czysty" (2 Król. 5,10). Gdyby Naaman myślał po ludzku, uznałby to za obraźliwe i rozgniewał się.

Jednakże, zniszczył swoje myśli cielesne i okazał posłuszeństwo słowom przekazanym przez sługę. Zanurzył się siedem razy w Jordanie, a jego ciało zostało uzdrowione i oczyszczone.

Woda symbolizuje słowo Boże, a liczba siedem – doskonałość, więc zanurzenie się w Jordanie siedem razy oznacza pełne uświęcenie słowem Bożym. Kiedy stajemy się uświęceni, otrzymujemy rozwiązanie naszych problemów. Dlatego kiedy Naaman okazał posłuszeństwo Słowu Bożemu przekazanemu przez proroka Eliasza, niezwykle cuda Boże mogły mieć miejsce (2 Król. 5,1-14).

Kiedy odrzucimy ludzkie myśli i teorie, możemy być posłuszni

Jakub był przebiegły i miał wiele różnych myśli, więc próbował realizować swoją wolę na różne sposoby. W konsekwencji, cierpiał z powodu wielu trudności przez 20 lat. W końcu oddał się Bogu nad potokiem Jabbok. Nie mógł wrócić do domu swojego wuja, ponieważ zawarł z nim przymierze, ani nie mógł iść naprzód, ponieważ jego starszy brat Ezaw czekał na niego po przeciwnej stronie rzeki, by go zabić. W tej desperackiej sytuacji, jego sprawiedliwość i cielesne myśli zostały zupełnie zniszczone. Bóg poruszył serce Ezawa, by pogodził się ze swoim bratem. W ten sposób, Bóg otworzył ścieżkę życia, by Jakub mógł w pełni cieszyć się z prowadzenia Bożego (Ks. Wyj. 33,1-4).

W Rzym. 8,5-7 czytamy: „Bo ci, którzy żyją według ciała, myślą o tym, co cielesne; ci zaś, którzy żyją według Ducha, o tym, co duchowe. Albowiem zamysł ciała, to śmierć, a zamysł Ducha, to życie i pokój. Dlatego zamysł ciała jest wrogi Bogu; nie poddaje się bowiem zakonowi Bożemu, bo też nie może". Dlatego musimy zniszczyć nasze opinie, teorie i myśli, które nie są zgodne z wolą Bożą. Musimy poddać każdą myśl w posłuszeństwo Chrystusowi, abyśmy otrzymali wiarę duchową i okazywali posłuszeństwo.

Jezus w Ew. Mat. 5,39-42 dał nam nowe przykazanie, mówiąc: „A Ja wam powiadam: Nie sprzeciwiajcie się złemu, a jeśli cię kto uderzy w prawy policzek, nadstaw mu i drugi. A temu, kto chce się z tobą procesować i zabrać ci szatę, zostaw i płaszcz. A kto by cię przymuszał, żebyś szedł z nim jedną milę, idź z nim i dwie. Temu, kto cię prosi, daj, a od tego, który chce od ciebie pożyczyć, nie odwracaj się". Mając myśli ludzkie, nie możemy być posłuszni temu przykazaniu, ponieważ nie jest zgodne z prawdą. Jednak, jeśli zniszczymy myśli ludzkie i cielesne, będziemy mogli okazać posłuszeństwo w radości, a Bóg sprawi, że wszystko właściwie się poukłada dzięki posłuszeństwu.

Bez względu na to, ile razy wyznajesz swoją wiarę ustami, jeśli twoje własne myśli i teorie nie zostaną zniszczone, nie okażesz posłuszeństwa ani nie doświadczysz działania Bożego; nie będzie prowadzony do obfitości i powodzenia.

Zachęcam was, byście pamiętali słowa zapisane w Iz. 55,8-9: „Bo myśli moje, to nie myśli wasze, a drogi wasze, to nie drogi moje - mówi Pan, lecz jak niebiosa są wyższe niż ziemia, tak moje drogi są wyższe niż drogi wasze i myśli moje niż myśli wasze".

Musimy unikać myśli cielesnych i ludzkich teorii; zamiast tego powinniśmy posiąść wiarę duchową, jak setnik, który otrzymał polecenie Jezusa, by w pełni zaufał Bogu. Kiedy setnik przyszedł do Jezusa i poprosił Go o uzdrowienie sługi, którego ciało było sparaliżowanego z powodu wylewu, wyznał wiarę, a sługa mógł zostać uzdrowiony dzięki słowom wypowiedzianym przez Jezusa. Otrzymał odpowiedź, ponieważ uwierzył. Tak samo, jeśli posiądziemy wiarę duchową, otrzymamy odpowiedzi na modlitwy i prośby oraz w pełni oddamy chwałę Bogu.

Słowo prawdy Boże zmienia ducha i umożliwia mu zdobycie wiary, której towarzyszą uczynki. Możemy otrzymać odpowiedzi od Boga, mając żywą wiarę duchową. Oby każdy z nas zniszczył myśli cielesne i ludzkie teorie oraz posiadł wiarę duchową, byśmy mogli otrzymać wszystko, o co prosimy i uwielbiać Boga.

Rozdział 4

Siej Ziarno Wiary

Gal. 6,6-10

„A ten, którego się naucza Słowa Bożego, niechaj się dzieli wszelkim dobrem z tym, który naucza. Nie błądźcie, Bóg się nie da z siebie naśmiewać; albowiem co człowiek sieje, to i żąć będzie. Bo kto sieje dla ciała swego, z ciała żąć będzie skażenie, a kto sieje dla Ducha, z Ducha żąć będzie żywot wieczny. A czynić dobrze nie ustawajmy, albowiem we właściwym czasie żąć będziemy bez znużenia. Przeto, póki czas mamy, dobrze czyńmy wszystkim, a najwięcej domownikom wiary".

Jezus obiecuje nam w Ew. Marka 9,23: „Co się tyczy tego: Jeżeli coś możesz, to: Wszystko jest możliwe dla wierzącego". Tak więc, kiedy setnik przyszedł do Niego i wykazał się wielką wiarą, Jezus powiedział mu: „Idź, a jak uwierzyłeś, niech ci się stanie!" (Mat. 8,13), i sługa jego został uzdrowiony.

To jest duchowa wiara, która pozwala nam wierzyć w to, czego nie możemy zobaczyć. To właśnie wiara, której towarzyszą uczynki, które umożliwiają nam manifestowanie naszej wiary. To wiara, która pozwala wierzyć, że coś powstało z niczego. Dlatego wiara określana jest w następujący sposób w Liście do Hebrajczyków 11,1-3: „A wiara jest pewnością tego, czego się spodziewamy, przeświadczeniem o tym, czego nie widzimy. Wszak jej zawdzięczają przodkowie chlubne świadectwo. Przez wiarę poznajemy, że światy zostały ukształtowane słowem Boga, tak iż to, co widzialne, nie powstało ze świata zjawisk".

Jeśli posiadacie wiarę duchową, Bóg będzie radował się waszą wiarą i da wam to, o co prosicie. Co musimy zrobić, aby posiąść duchową wiarę?

Tak, jak rolnik sieje ziarno wiosną i zbiera owoce jesienią, musimy siać ziarno wiary, by wydać owoce wiary duchowej.

Przyjrzyjmy się, w jaki sposób powinniśmy siać ziarno zgodnie z przypowieścią o sianiu ziarna i zbieraniu owocu na polu. Jezus mówił do tłumów w przypowieściach i nie przemawiał do nich bez przypowieści (Mat. 13,34). Bóg jest duchem, a my, którzy żyjemy na tym fizycznym świecie jako ludzie, nie możemy zrozumieć duchowej rzeczywistości Bożej. Tylko dzięki przypowieściom nawiązującym do naszego fizycznego świata możemy zrozumieć wolę Bożą. Dlatego wyjaśnię wam, jak siać ziarno wiary i posiąść wiarę duchową na podstawie przypowieści o polu.

Ziarno wiary

1) Oczyszczenie pola

Przede wszystkim rolnik potrzebuje pola, na którym może wysiać ziarno. Aby pole było odpowiednio przygotowane, rolnik użyźni je, zora, pozbędzie się kamieni i rozbije grudki na mniejsze kawałki, będzie plewić, bronować i uprawiać glebę. Tylko wtedy wysiane ziarna będą rosnąć i wydadzą wiele dobrych owoców.

W Biblii Jezu przedstawił cztery rodzaje pola. Pola odnoszą się do ludzkiego serca. Pierwsza kategoria pola to krawędź ścieżki, na której ziarno nie może wykiełkować, ponieważ ziemia jest zbyt twarda; druga kategoria to pole kamieniste, na którym ziarnu bardzo trudno jest wykiełkować, ponieważ jest tam dużo kamieni; trzecia kategoria to pole cierniste, na którym ziarno kiełkuje, ale nie rośnie ani nie wydaje owocu, ponieważ ciernie zagłuszają je; czwarta i ostatnia kategoria to dobre pole, na którym ziarno kiełkuje, wyrasta, kwitnie i wydaje wiele dobrych owoców.

Tak samo, pole ludzkiego serca można podzielić na cztery rodzaje: pierwsze to pole obok ścieżki, które nie rozumie słowa Bożego; drugie to pole kamieniste, które przyjmuje słowo Boże, jednak upada w doświadczeniach i prześladowaniach; trzecie to pole cierniste, ponieważ troski tego świata i pożądliwość bogactwa zagłuszają słowo Boże i nie pozwalają wydawać owocu; a czwarte to dobre serce, które rozumie słowo Boże i wydaje owoc. Bez względu na to, jakie jest Twoje serce, jeśli będzie je pielęgnować, jak rolnik pielęgnuje ziemię, może ono stać się dobrą glebą. Jeśli ma grudki, trzeba ją przeorać i wygładzić; jeśli jest kamienista, należy pozbyć się kamieni; jeśli jest ciernista, należy usunąć ciernie; dzięki zastosowaniu użyźniaczy, ziemia stanie się dobra.

Jeśli rolnik jest leniwy, nie oczyści pola i nie uczyni go dobrym, podczas gdy pracowity rolnik zrobi, co może, by oczyścić ziemię i uczynić ją dobrą, a kiedy stanie się dobra, wyda lepsze owoce.

Jeśli masz wiarę, będziesz starać się zmienić swoje serce w dobrą glebę, podejmując ciężką pracę. Aby zrozumieć słowo Boże, musimy zmienić nasze serce. Aby wydawać owoc, musimy walczyć z grzechem i odrzucić go. Odrzucając grzech i zło zgodnie ze słowem Bożym, odrzucamy każdą ich formę, odrzucamy kamienie z pola naszego serca, plewimy je i zmieniamy w dobre pole.

Rolnik ciężko pracuje, ponieważ wierzy, że zbierze plony, jeśli będzie pielęgnował swoją ziemię. Tak samo, jeśli chcemy zmienić nasze serce, będziemy przebywać w Bożej miłości, a On poprowadzi nas do swojego królestwa oraz pomoże nam zwyciężyć z grzechem. Ziarno duchowej wiary zostanie wtedy zasiane w naszym sercu tak, że będziemy mogli wydawać wiele owocu.

2) Ziarno

Po oczyszczeniu pola, musimy zasiać ziarno i pomóc mu wykiełkować. Rolnik sieje różne ziarno i zbiera obfity owoc: kapustę, sałatę, dynię, zieloną fasolę, czerwoną fasolę itd.

Tak samo, musimy siać różne ziarno na glebie naszego serca. Słowo Boże mówi nam, byśmy zawsze się radowali, modlili się bez ustanku, dziękowali, oddawali dziesięcinę, zachowywali

Dzień Święty i kochali. Jeśli te słowa trafią do naszego serca, wykiełkują, zakwitną i wydadzą owoc duchowy. Będziecie w stanie żyć zgodnie ze Słowem Bożym i posiąść duchową wiarę.

3) Woda i światło słoneczne

Aby rolnik mógł zebrać plony, nie wystarczy, że oczyści pole i przygotuje nasiona. Potrzebne jest również światło słoneczne i woda. Tylko wtedy nasiona będą mogły wykiełkować i rosnąć.

Czym jest woda?

W Ew. Jana 4,14 czytamy: „Ale kto napije się wody, którą Ja mu dam, nie będzie pragnął na wieki, lecz woda, którą Ja mu dam, stanie się w nim źródłem wody wytryskującej ku żywotowi wiecznemu". Woda w sensie duchowym odnosi się do „wody wytryskującej ku żywotowi wiecznemu" i do słowa Bożego: „Duch ożywia. Ciało nic nie pomaga. Słowa, które powiedziałem do was, są duchem i żywotem" (Jan 6,63). Dlatego Jezus powiedział w Jan 6,53-55: „Na to rzekł im Jezus: Zaprawdę, zaprawdę, powiadam wam, jeśli nie będziecie jedli ciała Syna Człowieczego i pili krwi jego, nie będziecie mieli żywota w sobie. Kto spożywa ciało moje i pije krew moją, ten ma żywot wieczny, a Ja go wskrzeszę w dniu ostatecznym. Albowiem ciało moje jest prawdziwym pokarmem, a krew moja jest prawdziwym napojem". Tylko jeśli gorliwie czytamy słowo Boże, słuchamy i rozmyślamy, oraz modlimy się, będziemy mogli posiąść życie wieczne i duchową wiarę.

Co oznacza światło słoneczne? Światło słoneczne pomaga nasionom kiełkować i rosnąć. Tak samo, jeśli słowo Boże trafi do naszych serc, jest światłem w ciemności. Oczyszcza serce i czyni je dobrym. Możemy posiąść wiarę duchową, jeśli światło wyprze ciemność z naszego serca.

Dzięki przypowieści o rolniku, dowiadujemy się, że musimy oczyścić pole, przygotować nasiona i zapewnić wodę i światło słoneczne, aby mogły zostać zasiane nasiona wiary. Przyjrzyjmy się, w jaki sposób zasadzić nasiona wiary i dbać o nie.

W jaki sposób sadzić i zbierać ziarno wiary

1) Po pierwsze, musimy zasiać nasiona wiary zgodnie z tym, co mówi nam Bóg.

Rolnik sieje ziarna w różny sposób w zależności od rodzaju ziarna. Jedne sieje głęboko w ziemi, a inne płytko. Tak samo, ziarno wiary słowa Bożego również może być siane w różny sposób. Na przykład, jeśli się modlimy, musimy wołać z całego serca do Boga, regularnie i na kolanach, zgodnie ze Słowem

Bożym. Tylko wtedy będziemy mogli otrzymać Boże odpowiedzi (Łuk. 22,39-46).

2) Po drugie, musimy siać z wiarą.

Tak, jak rolnik, który jest pracowity i gorliwy, siejąc ziarno, ponieważ wierzy i ma nadzieję, że zbierze plony, musimy siać ziarno wiary – słowo Boże – z radością i nadzieją na obfity owoc. W 2 Kor. 9,6-7 czytamy: „A powiadam: Kto sieje skąpo, skąpo też żąć będzie, a kto sieje obficie, obficie też żąć będzie. Każdy, tak jak sobie postanowił w sercu, nie z żalem albo z przymusu; gdyż ochotnego dawcę Bóg miłuje".

Prawem tego świata i prawem rzeczywistości duchowej jest to, że zbierzemy plony, jeśli wysiejemy ziarno. Wraz ze wzrostem wiary, pole naszego serca będzie się stawać coraz lepsze. Im więcej siejemy, tym więcej zbierzemy. Dlatego, takie ziarno jak siejemy, takie zbierzemy z wiarą, dziękując i radując się z obfitości plonów.

3) Po trzecie, musimy dbać o kiełkujące ziarno.

Po tym jak rolnik przygotował ziemię i zasiał ziarno, musi podlewać rośliny, zapobiegać pojawieniu się robactwa, nawozić ziemię i plewić. Jeśli zaniedba wykonywanie tych czynności, rośliny nie urosną. Kiedy słowo Boże zostaje zasiane w naszym sercach, musimy je pielęgnować i trzymać szatana z daleka. Musimy gorliwie się modlić, radować się i być wdzięcznymi, uczęszczać na nabożeństwa, spotykać się z innymi wierzącymi, czytać i słuchać słowa Bożego i służyć. Wtedy ziarna mogą wykiełkować, zakwitnąć i wydać owoc.

Proces kwitnięcia i wydawania owoców

Jeśli rolnik nie będzie dbał o wysiane ziarna, robaki mogą je zjeść, a chwasty zadusić, co sprawi, że ziarna nie wyrosną i nie wydadzą owocu. Rolnik nie może się zmęczyć swoją pracą, lecz cierpliwie troszczyć się aż do czasu zbiorów i wydania owoców. Kiedy nadejdzie odpowiedni czas, ziarna wyrosną, zakwitną i wydadzą owoc dzięki pszczołom i motylom. Kiedy owoce dojrzeją, rolnik może z radością je zebrać. Jakże wspaniała to chwila, kiedy praca i cierpliwość przynoszą dobry i wartościowy owoc stukrotny, sześćdziesięciokrotny lub trzydziestokrotny.

1) Po pierwsze, kwiaty duchowe kwitną.

Co oznaczają słowa: "Ziarno wiary wzrasta i zakwita"? Jeśli kwiaty kwitną, pachną, a zapach przyciąga pszczoły i motyle. Tak samo, jeśli wysiejemy ziarno słowa Bożego i dbamy o nie, żyjąc zgodnie z tym słowem, wydajemy z siebie zapach Chrystusa. Możemy być światłością i solą tej ziemi, aby wielu ludzi widziało nasze dobre czyny i uwielbiało Ojca w niebie (Mat. 5,16).

Jeśli wydajemy z siebie zapach Chrystusa, diabeł nie ma do nas dostępu, a my możemy uwielbiać Boga w naszych domach, firmach i miejscach pracy. Kiedy jemy lub pijemy możemy oddawać chwałę Bogu. Będziemy wydawać owoc ewangelizacji, osiągając Boże królestwo i Jego sprawiedliwość, zmieniając się w ludzi ducha i oczyszczając nasze serca.

2) Następnie pojawiają się owoce, które dojrzewają.

Kiedy kwiaty zakwitną, pojawiają się owoce, a kiedy owoce dojrzeją, rolnik może je zebrać. Przenosząc to na grunt wiary, jaki owoc możemy wydawać? Możemy wydawać różne owoce Ducha Świętego, łącznie z dziewięcioma owocami Ducha Świętego opisanymi w Gal. 5,22-23, owocami Błogosławieństw opisanymi w Ew. Mateusza 5, oraz owocami duchowej miłości opisanej w 1 Kor. 13.

Czytając Biblię i słuchając Słowa Bożego, możemy zbadać, czy kwitniemy i wydajemy owoce, oraz jak dojrzałe są nasze owoce. Kiedy owoce są dojrzałe, możemy je zbierać i cieszyć się nimi. W Ps. 37,4 czytamy: „Rozkoszuj się Panem, A da ci, czego życzy sobie serce twoje!". To tak, jakby złożyć w banku miliard dolarów i móc wydawać pieniądze w taki sposób, w jaki mamy ochotę.

3) W końcu, będziemy zbierać plony zgodnie z tym, co zasialiśmy.

W sezonie rolnik zbiera plony tego, co zasiał. I tak co roku. Ilość zbiorów może być różna w zależności od tego, ile ziarna zostało wysiane oraz jak gorliwie i wiernie rolnik dbał o swoje pole.

Jeśli sialiśmy w modlitwie, nasz duch będzie obfitować; jeśli sialiśmy w lokalności i służbie, będziemy cieszyć się dobrym zdrowiem fizycznym i duchowym. Jeśli sialiśmy gorliwie w kwestiach finansowych, będziemy radować się błogosławieństwami finansowymi i pomagać biednym. Bóg obiecuje nam w Ga. 6,7: „Nie błądźcie, Bóg się nie da z siebie naśmiewać; albowiem co człowiek sieje, to i żąć będzie".

Wiele fragmentów biblijnych potwierdza tę obietnicę Boga, który mówi, że człowiek będzie zbierać to, co zasiał. W 17 rozdziale 1 Królewskiej czytamy historię wdowy z Sarepty. Ponieważ nie było deszczu, ona i jej syn nie mieli co jeść, jednak mimo to zdecydowała się przygotować z resztki mąki i oliwy chleb dla Eliasza, proroka Bożego. W czasach kiedy pożywienie było cenniejsze niż złoto, takie zachowanie nie było możliwe bez wiary. Wierzyła i polegała na słowie Bożym, które prorokował prorok Eliasz i siała z wiarą. Bóg pobłogosławił jej: ona, jej syn i prorok Eliasz mieli co jeść aż do zakończenia głodu (1 Król. 17,8-16). W Ew. Marka 12,41-44 czytamy o biednej wdowie, która oddała na dary swoje niewielkie miedziane monety. Jakże wielkim błogosławieństwem były dla niej słowa Jezusa. Bóg ustanowił prawo rzeczywistości duchowej i mówi nam, że będziemy zbierać zgodnie z tym, co zasialiśmy. Jednak zachęcam was, byście pamiętali, że jeśli zbieracie to, czego nie wysialiście, naśmiewacie się z Boga. Musimy wierzyć, że Bóg pozwoli nam zbierać to, co wysialiśmy w ilości stokrotnej, sześćdziesięciokrotnej lub trzydziestokrotnej.

Dzięki przypowieści o rolniku, dowiedzieliśmy się, w jaki sposób powinniśmy siać ziarno wiary i jak pielęgnować je, by posiąść duchową wiarę. Pragnę, aby wasze serca były dobrą glebą. Siejcie ziarna prawdy i pielęgnujcie je. Musimy siać tak, wiele jak możemy i pielęgnować z wiarą, nadzieją i cierpliwością, aby otrzymać błogosławieństwa w ilości stokrotnej, sześćdziesięciokrotnej lub trzydziestokrotnej. Kiedy nadejdzie czas, zbierzemy owoce i oddamy chwałę Bogu.

Niech każdy z was wierzy w każde słowo zapisane w Biblii i sieje ziarno wiary zgodnie z nauczaniem słowa Bożego, byśmy mogli wydać obfity owoc, uwielbić Boga i otrzymać błogosławieństwa!

Rozdział 5

"'Jeśli możesz?'
Wszystko jest możliwe!"

Mar. 9,21-27

„I zapytał ojca jego: Od jak dawna to się z nim dzieje? A on powiedział: Od dzieciństwa. I często go rzucał nawet w ogień i wodę, żeby go zgubić; ale jeżeli coś możesz, zlituj się nad nami i pomóż nam. A Jezus rzekł do niego: Co się tyczy tego: Jeżeli coś możesz, to: Wszystko jest możliwe dla wierzącego. Zaraz zawołał ojciec chłopca: Wierzę, pomóż niedowiarstwu memu: A Jezus, widząc, że tłum się zbiega, zgromił ducha nieczystego i rzekł mu: Duchu niemy i głuchy! Nakazuję ci: Wyjdź z niego i już nigdy do niego nie wracaj. I krzyknął, i szarpnął nim gwałtownie, po czym wyszedł; a chłopiec wyglądał jak martwy, tak iż wielu mówiło, że umarł. A Jezus ujął go za rękę i podniósł go, a on powstał".

Ludzie przechowują swoje życiowe doświadczenia, łącznie z radościami, smutkami i bólem. Wielu z nich doświadcza i cierpi z powodu poważnych problemów, których nie mogą rozwiązać łzami, wytrwałością lub pomocą ze strony innych. Pojawiają się choroby, z którymi nie radzi sobie współczesna medycyna; problemy psychiczne wynikające ze stresu, których nie rozwiązuje filozofia ani psychologia; problemy w domach i z dziećmi, których nie da się rozwiązać pieniędzmi; problemu w pracy i problemy z pieniędzmi, z którymi nie można sobie poradzić bez względu na wkładane wysiłki. I tak dalej, i tak dalej. Kto może rozwiązać te wszystkie problemy?

W Ew. Marka 9,21-27 czytamy rozmowę Jezusa z ojcem dziecka opętanego przez złe duchy. Dziecko cierpiało z powodu tego, że było głuchonieme i miało ataki epileptyczne. Rzucało się do wody i w ogień. Kiedy opętał go demon, rzucał nim o ziemię, sprawiał, że piana toczyła mu się z ust, zgrzytał zębami i cały sztywniał.

Przyjrzyjmy się, jaki rozwiązanie ojciec dziecka otrzymał od Jezusa.

Jezus napomina ojca z powodu jego niewiary

Dziecko było głuche i nieme od urodzenia. Nie słyszało, co mówili inni, ani nie potrafiło komunikować się z innymi. Często cierpiało z powodu epilepsji i miało konwulsje. Dlatego ojciec cierpiał również, lękał się i nie miał nadziei w życiu.

Wtedy ojciec dowiedział się o Jezusie, który wzbudzał z martwych, uzdrawiał chorych, otwierał oczy ślepych i czynił cuda. Pomyślał: „Jeśli ma taką moc, to może uzdrowi mojego syna z jego choroby". Uznał, że jest taka możliwość. Przybył wraz z synem do Jezusa i poprosił Go: „Jeśli możesz coś zrobić, zlituj się nad nami i pomóż nam".

Kiedy Jezus usłyszał jego słowa, napomniał go z powodu jego niewiary, mówiąc: „Jeśli możesz? Wszystko jest możliwe dla tego, kto wierzy". Ojciec usłyszał o Jezusie, jednak nie uwierzył z całego serca.

Gdyby ojciec uwierzył, że Jezus jest Synem Bożym i że jest Wszechmocny, a wszystko jest dla Niego możliwe, ponieważ jest Prawdą, nigdy nie powiedziałby do Niego: „Jeśli możesz coś zrobić, zlituj się nad nami i pomóż nam".

Bez wiary nie można podobać się Bogu, a bez wiary duchowej nie można otrzymać odpowiedzi na modlitwy. Jezus chciał uświadomić to ojcu chłopca i powiedział: „Jeśli możesz...", napominając go za to, że w pełni nie uwierzył.

W jaki sposób posiąść pełną wiarę

Jeśli wierzymy w to, czego nie można zobaczyć, nasza wiara podoba się Bogu i jest wiarą duchową, prawdziwą wiarą, żywą wiarą, wiarą, której towarzyszą uczynki. Dzięki takie wierze możemy wierzyć, że coś powstało z niczego. Ponieważ wiara jest pewnością tego, czego się spodziewamy, przeświadczeniem o tym, czego nie widzimy (Hebr. 11,1-3).

Musimy uwierzyć w swoim sercu w krzyż, zmartwychwstanie, powrót Pana, stworzenie i cuda Boże. Tylko wtedy nasza wiara będzie pełna. Jeśli wyznajemy naszą wiarę ustami, nasza wiara jest prawdziwa.

Aby posiąść pełną wiarę, należy spełnić trzy warunki.

Po pierwsze, mur grzechu między nami a Bogiem musi zostać zniszczony. Jeśli w waszym życiu obecny jest mur grzechu, musicie go zniszczyć i okazać skruchę. Ponadto, musicie walczyć z grzechem, aż do przelania krwi i unikać złą, nie popełniając grzechów. Jeśli nienawidzicie grzechu, a sama myśl o grzechu sprawia, że czujecie się nerwowi i zalęknieni, jakże odważylibyście się grzeszyć? Zamiast prowadzić życie grzechu, możecie komunikować się z Bogiem i posiąść prawdziwą wiarę. Po drugie, musicie postępować zgodnie z wolą Bożą. Aby postępować zgodnie z wolą Bożą, musicie zrozumieć Jego wolę. Wtedy bez względu na swoje osobiste pragnienia, jeśli nie będą one zgodne z wolą Bożą, nie będziecie chcieli ich realizować. Jeśli postępujecie zgodnie z Jego wolą, w szczerości, sile i mądrości, Bóg da wam pełnię wiary.

Po trzecie, musimy podobać się Bogu i kochać Go. Jeśli czynimy wszystko na chwałę Boga, czy jemy, czy pijemy, czy cokolwiek robimy, jeśli podobamy się Bogu, poddając się uświęceniu, posiądziemy pełną wiarę. Taka wiara sprawia, że niemożliwe staje się możliwe. Mając pełnię wiary, wierzymy nie tylko w to, co widzimy i w to, co możemy osiągnąć siłą, ale również w to, czego nie widzimy i nie możemy osiągnąć ludzkimi możliwościami. Dlatego, kiedy wyznajemy pełną wiarę, wszystko, co niemożliwe, staje się możliwe.

Słowo Boże mówi „Jeśli możesz? Wszystko jest możliwe dla tego, kto wierzy". Słowa te spełnią się również w naszym życiu i będziemy uwielbiać Boga we wszystkim, co czynimy.

Nie ma nic niemożliwego dla tego, kto wierzy

Kiedy otrzymujemy pełną wiarę, nie ma dla nas nic niemożliwego i otrzymujemy rozwiązania wszystkich problemów. W jakich dziedzinach możemy doświadczyć mocy Boga, który czyni niemożliwe możliwym? Przyjrzyjmy się trzem aspektom.

Choroby

Przypuśćmy, że jesteś chory z powodu zakażenia bakteryjnego lub wirusowego. Jeśli okażesz wiarę i jesteś pełen Ducha Świętego, ogień Ducha Świętego wypali chorobę i zostaniesz uzdrowiony. Jeśli będziesz żałować swoich grzechów i odwrócisz się od nich, możesz otrzymać uzdrowienie przez modlitwę. Jeśli jesteś początkującym w wierze, musisz otworzyć swoje serce i słuchać słowa Bożego aż będziesz w stanie okazać wiarę.

Następnie, jeśli dotkną się poważne choroby, których nie można uleczyć, musisz okazać wielką wiarę. Tylko jeśli będziesz żałować swoich grzechów i oddasz swoje serce Bogu w modlitwie, możesz zostać uzdrowiony. Jednak ci, którzy są słabi w wierze i ci, którzy dopiero zaczęli uczęszczać do kościoła nie zostaną uzdrowieni aż nie osiągną poziomu wiry duchowej, a kiedy to się stanie uzdrowienie będzie miało miejsce.

W końcu, deformacje fizyczne, zaburzenia, kalectwo, głuchota, umysłowe i fizyczne dolegliwości oraz problemy dziedziczne nie zostaną od nas zabrane bez mocy Bożej. Ci, którzy cierpią z powodu takich dolegliwości muszą okazać szczerość i wiarę przed Bogiem, kochać Go i podobać Mu się, aby mogli zostać uznani przez Boga i uzdrowieni dzięki Jego mocy.

Uzdrowienia mogą mieć miejsce tylko, jeśli okażemy uczynki wiary tak, jak ślepiec Bartolomeusz, który wołał do Jezusa (Mar. 10,46-52), setnik, który miał wielką wiarę (Mat. 8,6-13) oraz paralityk i jego czterech przyjaciół, którzy okazali swoją wiarę przychodząc do Jezusa (Mar. 2,3-12).

Problemy finansowe

Jeśli próbujesz rozwiązać problem finansowe własną wiedzą, na własne sposoby i na podstawie własnych doświadczeń bez pomocy Boga, problem zostanie rozwiązany według twoich możliwości i wysiłków. Jednakże, jeśli odrzucimy grzech, będziemy postępować zgodnie z wolą Bożą i poświęcimy Mu nasz problem, wierząc, że nas poprowadzi, nasza dusza będzie obfitować, wszystko będzie dobrze się układać i będziemy cieszyć się dobrym zdrowiem. Co więcej, ponieważ będziemy chodzić w Duchu Świętym, otrzymamy błogosławieństwa Boże.

Jakub ludzkimi sposobami i ludzką mądrością starał się poukładać swoje życie aż do chwili, kiedy walczył z aniołem Bożym nad potokiem Jabbok. Anioł dotknął jego biodra i okaleczył go. W swojej walce z aniołem Bożym, Jakub poświęcił się Bogu i pozostawił Mu wszystkie swoje problemy. Od tego czasu, otrzymywał Boże błogosławieństwa i Bóg był z nim. Tak samo, jeśli kochamy Boga, podobamy Mu się i poświęcamy Mu wszystko, możemy być pewni, że nasze życie będzie dobrze się układać.

Duchowa moc

W 1 Kor. 4,20 czytamy, że Boże królestwo to nie słowa, a moc. Moc wzrasta, jeśli posiadamy pełną wiarę. Moc Boża dotyka nas w zależności od naszych modlitw, wiary i miłości. Cuda Boże, które są na wyższym poziomie niż dar uzdrowienia, mogą się dziać tylko, jeśli ludzie otrzymują moc Bożą przez modlitwę i post.

Dlatego, jeśli posiądziemy pełną wiarę, niemożliwe staje się możliwe i możemy z wiarą wyznać: „Jeśli możesz? Wszystko jest możliwe dla tego, kto wierzy".

„Wierzę. Pomóż niedowiarstwu memu"

Istnieje proces konieczny, aby otrzymać odpowiedzi na nasze problemy.

Wyznanie

Pewien ojciec żył w lęku, ponieważ jego syn był opętany przez złe duchy. Kiedy usłyszał o Jezusie, przyszedł, aby Go zobaczyć z tęsknotą w sercu. Przyprowadził do Jezusa swojego syna, ponieważ myślał, że jest szansa, aby Jezus uzdrowił go. Nie był tego pewny, jednak poprosił o uzdrowienia.

Jezus napomniał go, mówiąc: „Jeśli możesz", a później zachęcił go słowami: „Wszystko jest możliwe dla tego, kto wierzy". Dzięki takim słowom zachęty, ojciec zawołał: „Wierzę. Pomóż niedowiarstwu memu". Wyznał swoją wiarę przed Jezusem.

Ponieważ słyszał o tym, co czynił Jezus, rozumiał i wyznał swoją wiarę, jednak jego wiara nie płynęła z serca. Mimo, że wierzył, jego wiara była wiedzą, jego wyznanie sprawiło, że jego duchowa wiara wzrosła i jego prośba została wysłuchana.

Wiara duchowa wypływająca z serca

Ojciec opętanego chłopca pragnął otrzymać duchową wiarę i powiedział Jezusowi: „Wierzę. Pomóż niedowiarstwu memu" (Mar. 9,23). Kiedy Jezus odpowiedział na prośbę ojca, wiedział, że jego serce było szczere i pozwolił uwierzyć mu w pełni. Dlatego, ponieważ ojciec posiadł wiarę duchową, Bóg mógł działać dla niego tak, by otrzymał odpowiedź na swoją prośbę.

Kiedy Jezus nakazał w Mar. 9,25: „Duchu niemy i głuchy! Nakazuję ci: Wyjdź z niego i już nigdy do niego nie wracaj", złe duchy opuściły chłopca.

Jednym słowem, ojciec chłopca nie mógł otrzymać odpowiedzi od Boga, mając wiarę cielesną. Jednak kiedy jego wiara stała się wiarą duchową, Bóg odpowiedział mu natychmiast.

Wołanie do Boga w modlitwie aż otrzymamy odpowiedź

W Jer. 33,3 Bóg obiecuje nam: „Wołaj do mnie, a odpowiem

ci i oznajmię ci rzeczy wielkie i niedostępne, o których nie wiesz!", a w Ezech. 36,36: „I poznają narody, które wokoło nas pozostały, że Ja, Pan, odbudowałem to, co było zburzone, zasadziłem to, co było spustoszone; Ja, Pan, powiedziałem to i uczynię". Jak napisano, Jezus, prorocy starotestamentowi i uczniowie w Nowym Testamencie wołali do Boga w modlitwach i otrzymywali odpowiedzi.

Tak samo, tylko jeśli będziemy wołać do Boga w modlitwie, otrzymamy wiarę, która umożliwi nam wierzyć z całego serca i tylko taka wiara duchowa pomoże nam otrzymać odpowiedzi na modlitwy i rozwiązania dla naszych problemów. Musimy wołać w modlitwie aż otrzymamy odpowiedź, a wtedy niemożliwe stanie się możliwe. Ojciec opętanego chłopca otrzymał odpowiedź, ponieważ zwrócił się do Jezusa.

Historia ojca opętanego chłopca jest ważną lekcją prawa Bożego. Aby doświadczyć słowa Bożego „Wszystko jest możliwe dla tego, kto wierzy" musimy odrzucić wiarę cielesną i posiąść wiarę duchową i pełną, stanąć na skale i był posłusznym bez powątpiewania.

Aby podsumować ten proces, musimy wyznać naszą wiarę cielesną, która opiera się na wiedzy. Następnie musimy wołać do Boga w modlitwie aż otrzymamy odpowiedź. A w końcu, musimy otrzymać duchową wiarę z góry, która czyni możliwym wszystko w co wierzymy z całego serca.

Aby spełnić trzy warunki, by otrzymać odpowiedzi, musimy zniszczyć mur grzechu między Bogiem a nami. Następnie musimy w czynach okazać wiarę ze szczerością. Pozwólmy naszej duszy obfitować. Kiedy spełnimy te trzy warunki, otrzymamy duchową wiarę z góry, a to co niemożliwe, stanie się dla nas możliwe.

Jeśli próbujemy radzić sobie sami, zamiast poświęcić wszystko Bogu, będziemy zmagać się z trudnościami. Natomiast, jeśli zniszczymy ludzkie myśli, które sprawiają, że dostrzegamy to, co niemożliwe, i pozostawimy wszystko Bogu, On zrobi dla nas wszystko – nawet to, co niemożliwe.

Myśli cielesne są wrogi Bogu (Rzym. 8,7). Przeszkadzają nam wierzyć i sprawiają, że rozczarowujemy Boga, nie wyznając swojej wiary. Pomagają szatanowi oskarżać nas i sprowadzać na nas próby, doświadczenia i trudności. Dlatego, musimy zniszczyć myśli cielesne. Bez względu na to, jaki mamy problem, łącznie z problemami duchowymi, z pracą, firmą, chorobami czy rodziną, musimy oddać je wszystkie w ręce Boże. Musimy polegać na wszechmocnym Bogu, wierzyć, że uczyni niemożliwe oraz w wierze zniszczyć wszystkie cielesne myśli.

Jeśli wyznamy naszą wiarę i będziemy modlić się do Boga z całego serca, Bóg da nam wiarę, która pomoże nam wierzyć z głębi serca, a dzięki niej otrzymamy rozwiązania naszych problemów i będziemy oddawać Mu cześć. Jakież to błogosławieństwo!

Obyście wszyscy chodzili w wierze, by osiągnąć Boże królestwo i Jego sprawiedliwość, aby wypełnić swoje powołanie do głoszenia ewangelii światu i czynili wolę Bogu w swoim życiu, czyniąc niemożliwe – możliwym jako żołnierze krzyża, światłość Chrystusa. O to modlę się w imieniu Pana Jezusa.

Rozdział 6

Daniel polegał tylko na Bogu

Daniel 6,21-23

A gdy się przybliżył do jamy, zawołał smutnym głosem na Daniela i rzekł: Danielu, sługo Boga żywego! Czy twój Bóg, któremu nieustannie służysz, mógł cię wybawić od lwów? Wtedy Daniel rzekł do króla: Królu, żyj na wieki! Mój Bóg posłał swojego anioła, by zamknął paszcze lwów, tak że mi nie zaszkodziły, gdyż przed nim jestem niewinny, nadto względem ciebie, królu, nic złego nie popełniłem.

Kiedy był dzieckiem, Daniel został zabrany do niewoli do Babilonu. Jednak później, zajmował uprzywilejowaną pozycję u boku króla. Ponieważ kochał Boga, Bóg dał mu wiedzę, inteligencję i mądrość. Daniel rozumiał różnego rodzaju wizje i sny. Był politykiem i prorokiem, który manifestował moc Bożą. W ciągu całego swojego życia Daniel nigdy nie poszedł na kompromis ze światem. Zawsze służył Bogu. Pomyślnie przeszedł przez próby i zwyciężył w doświadczeniach z wiarą męczennika. Uwielbił Boga dzięki swojej wielkiej wierze. Co możemy zrobić, aby posiąść taką wiarę?

Przyjrzyjmy się, dlaczego Daniel, który był drugim po królu babilońskim, został wrzucony do jaskini lwów i w jaki sposób przeżył to bez najmniejszego zadrapania na ciele.

Daniel, mąż wiary

Podczas panowania króla Rehabeama, Zjednoczone Królestwo Izraela zostało podzielone na dwie części – Południowe Królestwo Judy i Północne Królestwo Izraela z powodu upadku króla Salomona (1 Król. 11,26-36). Królowie i naród posłuszny nakazom Boga obfitowali, jednak ci, którzy byli nieposłuszni prawu Bożemu – upadali.

W 722 p.n.e. Północne Królestwo Izraela upadło w wyniku ataku Asyrii. Wielu ludzi zostało wtedy zabranych do niewoli asyryjskiej. Południowe Królestwo Judy również zostało zaatakowane, jednak nie zostało zniszczone.

Później król Nabuchodonozor zaatakował Południowe Królestwo Judy i podczas trzeciego podejścia zdobył miasto Jeruzalem i zniszczył świątynię Boga. Było to w 586 p.n.e.

W trzecim roku panowania Jehojakima, króla Judy, Nabuchodonozor, król Babilonu przybył do Jeruzalem i oblegał je. Podczas pierwszego ataku król Nabuchodonozor pojmał króla Jehojakima łańcuchami z brązu i zabrał go do Babilonu, a wraz z nim wiele naczyń ze świątyni Bożej.

Daniel znajdował się między członkami rodziny królewskiej i szlachty, dlatego również został zabrany do niewoli. Żyli w ziemi pogańskiej, jednak Danielowi powodziło się i służył kilku królom – Nabuchodonozorowi i Baltazarowi, którzy byli królami Babilonu, oraz Dariuszowi i Cyrusowi, którzy byli królami Persji. Daniel mieszkał wśród pogan przez długi czas i służył królom pogańskim narodów. Jednak wykazał się niezwykłą wiarą i nie poszedł na kompromis ze światem. Prowadził zwycięskie życie proroka Bożego.

Nabuchodonozor, król babiloński, nakazał przełożonemu

swoich urzędników, by przyprowadził synów Izraela, łącznie z rodziną królewską i szlachtą, młodzieńcami, na których nie było żadnej skazy, którzy dobrze wyglądali, byli inteligentni i mądrzy, którzy mieli zrozumienie i wiedzę, i którzy potrafili służyć na dworze królewskim; nakazał nauczyć ich literatury i języka chaldejskiego oraz pozwolił im spożywać jedzenie i wino ze stołu królewskiego. Młodzieńcy ci mieli kształcić się przez trzy lata. Daniel był jednym z nich (Dan. 1,4-5).

Jednakże Daniel podjął decyzję, że nie zbezcześci się jedzeniem i winem ze stołu królewskiego; więc poprosił przełożonego nad sługami dworskimi, aby pozwolił mu nie zbezcześcić swojego ciała (Dan. 1,8). Wiara Daniela sprawiła, że nie chciał złamać prawa Bożego. Bóg sprawił, że Daniel znalazł łaskę u przełożonego (w. 9), który pozwolił Danielowi i jego przyjaciołom spożywać warzywa, podczas gdy inni spożywali jedzenie i wino ze stołu królewskiego (w. 16).

Ponieważ Bóg widział wiarę Daniela, dał mu wiedzę, mądrość i inteligencję; Daniel rozumiał nawet różne rodzaje wizji i snów (w. 17). Ze względu na jego mądrość i zrozumienie, król konsultował się z Danielem, ponieważ uważał go za dziesięć razy lepszego od magów i mędrców jego własnego królestwa (w. 20).

Pewnego razu król Nabuchodonozor był bardzo poruszony

swoim snem i nie mógł zasnąć. Nikt z Chaldejczyków nie potrafił wyłożyć jego snu; udało się to tylko Danielowi dzięki mądrości i mocy Bożej. Król wywyższył Daniela i dał mu wiele darów, uczynił go władcą prowincji Babilonu i pełnomocnikiem wszystkich mędrców Babilonu (Dan. 2,46-48).

Daniel miał uprzywilejowane stanowisko nie tylko za czasów panowania króla Nabuchodonozora, ale również króla Baltazara. Król Baltazar wydał dekret, że Daniel miał władzę jako zarządca królestwa. Kiedy król Baltazar został zabity i Dariusz został królem, Daniel zachował swoją uprzywilejowaną pozycję.

Król Dariusz wyznaczył 120 satrapów nad królestwem i trzech pełnomocników nad nimi. Jednak ponieważ Daniel zaczął wyróżniać się spośród pełnomocników i satrapów swoim wyjątkowym duchem, król zaplanował, że Daniel zostanie pełnomocnikiem całego królestwa.

Pełnomocnicy i satrapowie zaczęli szukać możliwości oskarżeń przeciwko Danielowi w odniesieniu do spraw rządowych; jednak niczego nie znaleźli, ponieważ Daniel był wierny i nie zaniedbywał swoich obowiązków ani nie był skorumpowany. Wtedy zaczęli spiskować przeciwko Danielowi pod względem prawa Bożego. Podsunęli królowi pomysł na to, by wystosował dekret egzekwujący nakaz, by każdy, kto będzie modlił się do jakiegokolwiek boga lub człowieka oprócz króla przez trzydzieści dni zostanie wrzucony do lwiej jamy. Podsunęli królowi dokument do podpisania, aby nie można było dokonać żadnych zmian zgodnie z prawem Medów i Persów, co oznaczało, że dekret nie mógł zostać podważony. Król Dariusz podpisał dokument.

Kiedy Daniel dowiedział się o tym, że dokument został podpisany, wszedł do domu do swojego pokoju na poddaszu, otworzył okna w kierunku Jerozolimy, ukląkł i modlił się. Czynił to codziennie trzy razy dziennie, oddając cześć Bogu za to, co dla niego uczynił (Dan. 6,10). Daniel wiedział, że zostanie wrzucony do lwiej jamy, jeśli złamie nakaz królewski, jednak mimo to zdecydował się na śmierć męczeńską i służbę swojemu Bogu.

Pomimo niewoli babilońskiej, Daniel zawsze pamiętał o łasce Bożej i gorliwie kochał Boga, modlił się i oddawał mu cześć trzy razy dziennie. Jego wiara była mocna i nigdy nie poszedł na kompromis ze światem w swojej służbie Bogu.

Daniel wrzucony do jaskini lwów

Ludzie, którzy byli zazdrośni o Daniela, obserwowali go i widzieli, że modli się do swojego Boga. Donieśli o tym królowi i przypomnieli mu o jego nakazie. W końcu król uświadomił sobie, że ludzie ci nie chcieli dekretu ku czci króla, ale po to, aby usunąć Daniela. Król był bardzo zaskoczony. Jednakże, ponieważ król podpisał dokument i wydał dekret, nie mógł się wycofać.

Król bardzo się zdenerwował i starał się zrobić wszystko, aby ocalić Daniela, ale pełnomocnicy i satrapowie zmuszali króla, aby wyegzekwował swój dekret, więc król nie miał wyboru.

Król był zmuszony wydać rozkaz i Daniel został wrzucony do jamy lwów, a wielki kamień zamykał wejście do jamy, aby przypadkiem nie udało się Danielowi wydostać.

Król, który był przychylny Danielowi, udał się do swojego pałacu i całą noc spędził na poście. Nie chciał rozrywek ani nie mógł spać. Król wstał o świcie i udał się w kierunku jamy lwów. Spodziewał się, że skoro Daniel został wrzucony do wygłodniałych lwów, na pewno został zjedzony. Jednak miał nadzieję, że może jakimś sposobem udało się Danielowi przeżyć.

W tamtych czasach wielu przestępców było wrzucanych do jamy lwów. Jakże Daniel mógł pokonać głodne lwy i przeżyć? Król myślał, że Bóg, któremu służył Daniel, mógł go uratować, dlatego udał się w kierunku jamy. Król zawołał łamiącym się głosem: „Danielu, sługo żywego Boga, czy twój Bóg, któremu nieustannie służysz, uratował cię przed lwami?".

Ku swojemu zaskoczeniu usłyszał głos Daniela z wnętrza jamy. Daniel odpowiedział: „Królu, żyj na wieki! Mój Bóg posłał swojego anioła, by zamknął paszcze lwów, tak że mi nie zaszkodziły, gdyż przed nim jestem niewinny, nadto względem ciebie, królu, nic złego nie popełniłem" (Dan. 6,22-23).

Król uradował się i wydał rozkaz, aby Daniel został wyciągnięty z jamy. Kiedy Daniel został wyciągnięty z jamy, okazało się, że nie było na nim najmniejszej skazy. Ależ to było niesamowite! Wspaniałe zwycięstwo, do którego doszło dzięki wierze Daniela, który z całego serca zaufał Bogu! Ponieważ Daniel ufał żywemu Bogu, przeżył, pomimo że został wrzucony do jamy wygłodniałych lwów, dzięki czemu wielka chwała Boża została objawiona poganom.

Król wydał rozkaz, by przyprowadzono mężczyzn spiskujących przeciwko Danielowi i wrzucono ich wraz z ich rodzinami do lwiej jamy; nawet nie zdążyli dotknąć dna jamy, kiedy lwy rzuciły się na nich i pogruchotały ich (Dan. 6,24). Król Dariusz napisał do wszystkich ludzi w swoich królestwie, wszystkich narodów i ludzi różnych języków, by bali się Boga oraz przedstawiając im, kim jest prawdziwy Bóg.

Król wyznał: „Pokój wam! Przeze mnie wydany został dekret, że na całym obszarze mojego królestwa winni drżeć i bać się Boga

Daniela; On bowiem jest Bogiem żywym i trwa na wieki, a jego królestwo jest niezniszczalne i władza jego jest nieskończona. On wybawia i wyzwala, i czyni znaki i cuda na niebie i na ziemi, On, który wyratował Daniela z mocy lwów" (Dan. 6,26-28). Jakże wspaniałe zwycięstwo wiary! Wszystko dlatego, że w Danielu, który w pełni zaufał Bogu, nie znaleziono żadnego grzechu. Jeśli postępujemy zgodnie ze słowem Bożym i mieszkamy w Jego miłości, bez względu na sytuację i warunki, Bóg da rozwiązanie i zwycięstwo.

Daniel, zwycięzca wielkie wiary

Jaką wiarę miał Daniel, że mógł odnieść tak wspaniałe zwycięstwo i oddać chwałę Bogu? Przyjrzyjmy się wierze Daniela, który pokonał trudności i próby, oddając chwałę żywemu Bogu przed ludźmi.

Po pierwsze, Daniel nigdy nie poszedł na kompromis ze światem.

Daniel zajmował się sprawami ogólnymi kraju, jako jeden z pełnomocników Babilonu i dobrze wiedział, że zostanie wrzucony do jaskimi lwów, jeśli złamie nakaz królewski. Jednak

Daniel nigdy nie postępował zgodnie z tym co ludzkie. Nie bał się ludzi ani ich spisków. Padał na kolana przez Bogiem i modlił się jak zawsze. Gdyby poddał się myślom ludzkim przez trzydzieści dni mógł przestać się modlić albo mógł modlić się w zamknięciu. Daniel nie zrobił tego. Nie chciał za wszelką cenę zachować swojego życia i nie poszedł na kompromis ze światem. Zachował wiarę i miłość do swojego Boga.

Miał taką wiarę, że był gotowy nawet na męczeństwo. Mimo że wiedział, że dokument został podpisany, szedł do domu do swojego pokoju i otwierał okna w stronę Jeruzalem. Modlił się do Boga, oddając mu część i dziękczynienie za to, jak prowadził go do tej pory.

Po drugie, Daniel miał wiarę, która sprawiała, że nigdy nie przestawał się modlić.

Kiedy okazało się, że Daniel ma zostać wrzucony do lwiej jamy, musiał przygotować się na śmierć. Modlił się do Boga tak, jak zawsze. Nie chciał popełnić grzechu ani ustać w modlitwie (1 Samuel 12,23).

Modlitwa jest oddechem ducha, więc nie możemy przestawać się modlić. Kiedy dotykają nas doświadczenia i próby, musimy się modlić, a kiedy mamy pokój, musimy się modlić, aby nie popaść w pokuszenie (Łuk. 22,40). Ponieważ Daniel nie ustawał w modlitwie, zachował wiarę i zwyciężył w próbie.

Po trzecie, Daniel miał wiarę, która pozwalała mu być wdzięcznym bez względu na okoliczności.

Wielu ojców wiary opisanych w Biblii oddawało dziękczynienie we wszystkim w wierze, ponieważ wiedzieli, że prawdziwa wiara polega na dziękczynienie bez względu na okoliczności. Kiedy Daniel został wrzucony do lwiej jamy, ponieważ postępował zgodnie z prawem Bożym, był t triumf wiary. Nawet gdyby został zjedzony przez lwy, trafiłby w ramion Boże i żył w wiecznym Bożym królestwie. Bez względu na wynik końcowy, nie musiał się bać! Jeśli człowiek wierzy w niebo, nie musi bać się śmierci.

Nawet jeśli Daniel żyłby w pokoju jako zarządca królestwa zaraz po królu, byłoby to tylko honor tymczasowy. Jednak, jeśli zachowamy wiarę i umrzemy śmiercią męczeńską, Bóg nas rozpozna jako swoje dzieci i będziemy żyć w Jego królestwie w wiecznej chwale. Dlatego Daniel pozostawał wdzięczny Bogu pomimo okoliczności.

Po czwarte, Daniel nigdy nie grzeszył. Miał wiarę, dzięki której postępował zgodnie ze słowem Bożym. Jeśli chodzi o sprawy rządowe, Danielowi nie można było nic zarzucić. Nie był skorumpowany, nie zaniedbywał swoich obowiązków ani nie było w nim nieuczciwości. Jakże czyste było jego życie!

Daniel nie miał żalu ani negatywnych uczuć w stosunku do króla, który kazał wrzucić go do lwiej jamy. Zamiast tego był wierny swojemu królowi, mówiąc: „Królu, żyj na wieki". Gdyby próba ta spadła na niego z powodu jego własnych win, Bóg nie mógłby go uratować, jednak ponieważ Daniel nie zgrzeszył, Bóg mógł go ochronić.

Po piąte, Daniel miał wiarę, która pozwalała mu w pełni ufać Bogu.

Jeśli boimy się Boga, polegamy na Nim w pełni i wszystko składamy w jego ręce, On rozwiąże dla nas nasze problemy. Daniel w pełni zaufał Bogu i polegał tylko na Nim. Nie poszedł na kompromis ze światem, wybrał wierność prawu Bożemu i prosił Boga o pomoc. Bóg widział wiarę Daniela i sprawił, że wszystko dobrze się skończyło. Daniel doświadczył niezwykłych błogosławieństw, a Bóg został uwielbiony.

Jeśli będziemy mieć taką wiarę jak Daniel, bez względu na próby i trudności, odniesiemy zwycięstwo, otrzymamy błogosławieństwa i będziemy świadkami żywego Boga. Diabeł krąży wokół nas, szukając, kogo by pochłonąć, więc musimy odeprzeć diabła silną wiarą i żyć dzięki ochronie Boga, zachowując Jego słowo.

Dzięki doświadczeniom, które nas dotykają i trwają zaledwie chwilę, Bóg nas doskonali, utwierdza i umacnia (1 Piotra 5,10).

Obyśmy posiedli taką wiarę, jaką miał Daniel, chodzili z Bogiem cały czas i uwielbiali Go w imieniu Pana Jezusa Chrystusa się modlę!

Rozdział 7

Bóg spełnia nasze potrzeby zanim

Ks. Rodz. 22,11-14

"Lecz anioł Pański zawołał nań z nieba i rzekł: Abrahamie! Abrahamie! A on rzekł: Otom ja! I rzekł: Nie podnoś ręki na chłopca i nie czyń mu nic, bo teraz wiem, że boisz się Boga, gdyż nie wzbraniałeś się ofiarować mi jedynego syna swego. A gdy Abraham podniósł oczy, ujrzał za sobą barana, który rogami uwikłał się w krzakach. Poszedł tedy Abraham, a wziąwszy barana, złożył go na całopalenie zamiast syna swego. I nazwał Abraham to miejsce: Pan zaopatruje. Dlatego mówi się po dziś dzień: Na górze Pana jest zaopatrzenie"

Jehovah-jireh! Jakże ekscytujące i przyjemne słowa! Oznaczają, że przygotowuje się do wszystkiego z wyprzedzeniem. W dzisiejszych czasach wielu ludzi, którzy wierzą w Boga, słyszało i wie, że Bóg działa, przygotowuje i prowadzi ludzi z wyprzedzeniem. Jednak większość ludzi nie doświadcza słowa Bożego w swoich życiu.

Słowa „Jehovah-jireh" są błogosławieństwem, sprawiedliwością i nadzieją. Każdy pragnie i tęskni za błogosławieństwami, sprawiedliwością i nadzieją. Jeśli nie jesteśmy świadomi do czego odnoszą się te słowa, nie możemy otrzymać błogosławieństw. Chcę się z wami podzielić wiarą Abrahama jako człowieka, który otrzymał błogosławieństwo „Jehovah-jireh".

Abraham przedkładał słowo Boże nad wszystko

Jezus powiedział w Ew. Marka 12,30: „Będziesz tedy miłował Pana, Boga swego, z całego serca swego i z całej duszy swojej, i z całej myśli swojej, i z całej siły swojej". Jak opisano w Ks. Rodz. 22,11-14, Abraham kochał Boga do takiego stopnia, że mógł komunikować się z Nim twarzą w twarz, był świadomy Jego woli i otrzymywał błogosławieństwa. Wszystko, co działo się w życiu Abrahama nie było przypadkowe – powinniśmy o tym pamiętać.

Abraham stawiał Boga ponad wszystko i uważał Jego słowo za cenniejsze niż wszystko inne. Więc, nie postępował zgodnie z własnymi myślami, dla zawsze był posłuszny Bogu. Ponieważ był wierny i nie było w nim fałszu, był przygotowany na to, by otrzymać błogosławieństwa. Bóg powiedział do Abrahama w Ks. Rodz. 12,1-3: „Wyjdź z ziemi swojej i od rodziny swojej, i z domu ojca swego do ziemi, którą ci wskażę. A uczynię z ciebie naród wielki i będę ci błogosławił, i uczynię sławnym imię twoje, tak że staniesz się błogosławieństwem. I będę błogosławił błogosławiącym tobie, a przeklinających cię przeklinać będę; i będą w tobie błogosławione wszystkie plemiona ziemi".

W takiej sytuacji, gdyby Abraham postępował zgodnie z ludzkimi myślami, z pewnością miałby obawy w związku z poleceniem Bożym, żebym opuścił swój kraj, swoich krewnych i dom swojego ojca. Jednak uważał Boga za swojego Ojca i Stworzyciela ponad wszystko. Był posłuszny Jego woli. Tak samo, każdy może być posłuszny woli Bożej z radością, jeśli prawdziwie kocha Boga, wierząc, że Bóg czyni wszystko jak najlepiej.

Wiele fragmentów Biblii ukazuje nam ojców wiary, którzy cenili słowo Boże ponad wszystko i kroczyli zgodnie z wolą Boga. W 1 Król. 19,20-21 czytamy: „Wtedy opuścił woły, pobiegł za Eliaszem i rzekł: Pozwól mi pocałować mojego ojca i moją matkę, a potem pójdę za tobą. A on mu odpowiedział: Idź, ale potem wróć, bo po cóż ci to uczyniłem? Wrócił więc do niego i wziąwszy parę wołów zarznął je, a na uprzęży z tych wołów ugotował ich mięso i podał swoim ludziom, a oni jedli. Potem ruszył i poszedł za Eliaszem, i usługiwał mu". Kiedy Bóg powołał Elizeusza przez Eliasza, Elizeusz natychmiast porzucił wszystko, co miał i postąpił zgodnie z wolą Bożą. Tak samo było w przypadku uczniów Jezusa. Kiedy Jezus powołał ich, natychmiast poszli za Nim. W Mat. 4,18-22 czytamy: „A [Jezus] idąc wzdłuż wybrzeża Morza Galilejskiego, ujrzał dwu braci: Szymona, zwanego Piotrem, i Andrzeja, brata jego, którzy zarzucali sieć w morze, byli bowiem rybakami. I rzekł do nich: Pójdźcie za mną, a zrobię was rybakami ludzi! A oni natychmiast porzucili sieci i poszli za nim. I odszedłszy stamtąd dalej, ujrzał innych dwu braci, Jakuba, syna Zebedeusza, i Jana, brata jego, którzy wraz z ojcem swoim, Zebedeuszem, naprawiali w łodzi swoje sieci, i powołał ich. A oni zaraz opuścili łódź oraz ojca swego i poszli za nim".

Dlatego zachęcam was, byście posiedli wiarę, dzięki której będziecie posłuszni woli Bożej i będziecie cenić słowo Boże ponad wszystko, aby Bóg mógł działać w waszym życiu w swojej mocy.

Abraham zawsze odpowiadał "Tak"

Zgodnie ze słowem Bożym, Abraham opuścił swój kraj, Haran i udał się do ziemi Kanaan. Jednak ponieważ głód w ziemi Kanaan był bardzo poważny, musiał przenieść się do

Egiptu (Ks. Rodz. 12,10). Kiedy przeprowadził się do Egiptu, Abraham nazwał swoją żonę „siostrą", aby nie zostać zabitym. Niektórzy twierdzą, że oszukał ludzi wokół siebie, mówiąc im, że Sara była jego siostrą, ponieważ bał się i był tchórzem. Jednak w rzeczywistości wcale nie skłamał – po prostu myślał po ludzku. Dowód odnajdujemy w tym, że kiedy otrzymał polecenie, by opuścić swój kraj, zrobił to bez wahania i bez lęku. Dlatego nie jest prawdą, że powiedział im, że Sara jest jego siostrą, ponieważ był tchórzem. Sara była w rzeczywistości jedną z jego kuzynek, ale również ponieważ uznał, że lepiej nazywać ją siostrą zamiast żoną.

Kiedy Abraham przebywał w Egipcie, Bóg oczyszczał go, by w pełni polegał na Bogu i aby jego wiara była doskonała. Abraham miał zrezygnować z ludzkiej mądrości i ludzkich myśli. Zawsze był gotowy, by okazać posłuszeństwo, jednak pewne ludzkie myśli nadal nim kierowały, dlatego musiał je odrzucić. W tym doświadczeniu Bóg pozwolił faraonowi w Egipcie dobrze potraktować Abrahama. Bóg dał mu wiele błogosławieństw, w postaci wielu sług i służebnic, jak również owiec, wołów i osłów.

Ta sytuacja pokazuje nam, że kiedy przychodzą na nas próby z powodu naszego nieposłuszeństwa, musimy cierpieć w wyniku różnych trudności, podczas gdy kiedy pojawiają się próby w wyniku naszych ludzkich myśli, musimy je odrzucić, okazać posłuszeństwo, a Bóg na pewno uczyni to, co uważa za najlepsze.

Ta próba sprawiła, że Abraham był gotowy przyjmować

wszystko, mówiąc „Amen" i okazując posłuszeństwo. W późniejszym czasie Bóg nakazał Abrahamowi złożyć swojego jedynego syna Izaaka w ofierze całopalnej. W Ks. Rodz. 22,1 czytamy: "Po tych wydarzeniach wystawił Bóg Abrahama na próbę i rzekł do niego: Abrahamie! A on odpowiedział: Otom ja".

Kiedy urodził się Izaak, Abraham miał sto lat, a jego żona Sara – dziewięćdziesiąt lat. Niemożliwe jest, by ludzie w takim wielu byli rodzicami, jednak dzięki łasce i obietnicy Bożej, urodził się syn, który stał się dla nich wartościowszy niż wszystko inne. Ponadto, był synem obietnicy Bożej. Dlatego Abraham był tak zaskoczony, kiedy Bóg kazał mu złożyć go w ofierze jak zwierzę. To było poza ludzkim wyobrażeniem.

Ponieważ Abraham wierzył, że Bóg może jego syna wzbudzić z martwych, potrafił okazać posłuszeństwo Bożemu poleceniu (Hebr. 11,17-19). Jego cielesne myśli zostały zniszczone, posiadł wiarę, dzięki której potrafił złożyć swojego jedynego syna Izaaka w ofierze.

Bóg widział wiarę Abrahama i przygotował baranka na ofiarę, aby Abraham nie podniósł ręki na swojego syna. Abraham znalazł baranka w krzakach i złożył go w ofierze całopalnej zamiast swojego syna. Nazwał to miejsce: „Pan zaopatruje".

Bóg pochwalił Abrahama za jego w wiarę, jak czytamy w Ks. Rodz. 22,12: „Nie podnoś ręki na chłopca i nie czyń mu nic, bo teraz wiem, że boisz się Boga, gdyż nie wzbraniałeś się ofiarować mi jedyego syna swego" i dał mu obietnicę błogosławieństw w wersetach 17-18: „Będę ci błogosławił obficie i rozmnożę tak licznie potomstwo twoje jak gwiazdy na niebie i jak piasek na brzegu morza, a potomkowie twoi zdobędą grody nieprzyjaciół swoich, i w potomstwie twoim błogosławione będą wszystkie narody ziemi za to, że usłuchałeś głosu mego".

Nawet jeśli twoja wiara nie osiągnęła poziomu wiary Abrahama, możesz doświadczać błogosławieństwa "Pan zaopatruje". Czasami, kiedy chcemy coś zrobić, widzimy, że Bóg już poczynił przygotowania. Było to możliwe, ponieważ Twoje serce było oddane Bogu. Jeśli posiądziemy taką wiarę jak Abraham i okażemy Bogu pełne posłuszeństwo, będziemy żyć, otrzymując błogosławieństwa „Pan zaopatruje" zawsze i wszędzie. Cóż za wspaniałe życie w Chrystusie!

Aby otrzymać błogosławieństwa Jehovah-jireh, „Pan zaopatruje", musimy mówić „Amen" na wszystkie polecenia Boże, postępować zgodnie z wolą Bożą, nie upierając się przy własnych myślach. Musimy zyskać uznanie w oczach Bożych. Dlatego Bóg wyraźnie mówi nam, że posłuszeństwo jest lepsze niż ofiary (1 Sam. 15,23).

Jezus był Bogiem, jednak nie chciał być równy Bogu, dlatego uniżył się, przyjął postać sługi i stał się człowiekiem. Uniżył samego siebie i stał się posłuszny aż do śmierci (Fil. 2,6-8). Na temat całkowitego posłuszeństwa Jezusa czytamy w 2 Kor.

1,19-20: „Albowiem Syn Boży Chrystus Jezus, którego wam zwiastowaliśmy, ja i Sylwan, i Tymoteusz, nie był równocześnie "Tak" i "Nie", lecz w nim było tylko "Tak". Bo obietnice Boże, ile ich było, w nim znalazły swoje "Tak"; dlatego też przez niego mówimy "Amen" ku chwale Bożej".

Ponieważ jedyny Syn Boży mówił "Tak", również my powinniśmy bez wahania mówić „Amen" na słowo Boże i uwielbiać Boga, otrzymując błogosławieństwa „Pan zaopatruje".

Abraham zachowywał pokój i świętość we wszystkim

Ponieważ liczył się ze słowem Bożym ponad wszystko i kochał Boga z całego serca, Abraham mówił „Amen" na słowo Boże i okazywał pełne posłuszeństwo Bogu.

Ponadto, stał się uświęcony i szukał pokoju ze wszystkimi wokół, zyskując uznanie w oczach Bożych.

W Ks. Rodz. 13,8-9 czytamy o tym, co Abraham powiedział do swojego bratanka Lota: „Niechże nie będzie sporu między mną a tobą i między pasterzami moimi a twoimi, jesteśmy przecież braćmi. Czyż cały kraj nie stoi przed tobą otworem? Odłącz się więc ode mnie! Jeśli chcesz pójść w lewo, ja pójdę w prawo, a jeśli chcesz pójść w prawo, ja pójdę w lewo".

Był starszy od Lota, jednak dał Lotowi możliwość wyboru ziemi dla zachowania pokoju i uświęcenia. Nie szukał własnej korzyści, ale pragnął korzyści innych, ponieważ posiadał duchową miłość. Tak samo, jeśli żyjemy w prawdzie, nie powinniśmy się spierać ani się wywyższać, lecz starać się zachować pokój ze wszystkimi. W Ks. Rodz. 14,12.16 czytamy, że kiedy Abraham dowiedział się, że jego bratanek Lot został porwany, wyruszył ze swoimi ludźmi, a było ich 318, aby uratować swojego bratanka Lota, jego rodzinę i to, co posiadał oraz innych ludzi. Ponieważ był człowiekiem sprawiedliwym, dał Melchizedekowi, królowi Salemu, jedną dziesiątą z tego, co mu się należało, a resztę zwrócił królowi Sodomy, mówiąc: „Podnoszę rękę swą do Pana, Boga Najwyższego, stworzyciela nieba i ziemi, że nie wezmę ani nitki, ani rzemyka sandałów, ani niczego z tego wszystkiego, co należy do ciebie, abyś nie mógł powiedzieć: To ja wzbogaciłem Abrama" (w. 23). Dlatego Abraham nie tylko dążył do pokoju we wszystkim, ale również był człowiekiem nieskazitelnym i sprawiedliwym.

W Hebr. 12,14 czytamy: „Dążcie do pokoju ze wszystkimi i do uświęcenia, bez którego nikt nie ujrzy Pana". Zachęcam was, byście uświadomili sobie, że Abraham mógł otrzymać błogosławieństwa Jehovah-jireh „Pan zaopatruje", ponieważ szukał pokoju ze wszystkimi i osiągnął uświęcenie. Zachęcam was, byście stali się takimi ludźmi jak on.

Wiara w moc Boga Stworzyciela

Aby otrzymać błogosławieństwa „Pan zaopatruje", musimy wierzyć w moc Bożą. W Hebr. 11,17-19 czytamy: „Przez wiarę Abraham przyniósł na ofiarę Izaaka, gdy był wystawiony na próbę, i ofiarował jednorodzonego, on, który otrzymał obietnicę, do którego powiedziano: Od Izaaka nazwane będzie potomstwo twoje. Sądził, że Bóg ma moc wskrzeszać nawet umarłych; toteż jakby z umarłych, mówiąc obrazowo, otrzymał go z powrotem". Abraham wierzył w moc Boga Stworzyciela i wiedział, że wszystko jest możliwe, więc mógł być posłuszny Bogu, wyrzekając się cielesnych i ludzkich myśli.

Co być zrobił, gdyby Bóg nakazał ci złożyć swojego jedynego syna w ofierze całopalnej? Gdybyś wierzył w moc Boga, dla którego nie ma nic niemożliwego, byłbyś posłuszny bezwzględnie. Wtedy otrzymałbyś błogosławieństwa „Pan zaopatruje".

Ponieważ moc Boża jest nieograniczone, On przygotowuje się wcześniej, osiąga cele i odpłaca nam błogosławieństwami, jeśli okazujemy Mu całkowite posłuszeństwo, wyrzekając się myśli cielesnych jak Abraham. Jeśli jest coś, co kochamy bardziej niż Boga i mówimy „Amen" tylko na to, co jest zgodne z naszymi myślami i teoriami, nie otrzymamy błogosławieństw „Pan zaopatruje".

Jak napisano w 2 Kor. 10,4-5: „Unicestwiamy złe zamysły

i wszelką pychę, podnoszącą się przeciw poznaniu Boga, i zmuszamy wszelką myśl do poddania się w posłuszeństwo Chrystusowi", doświadczymy błogosławieństw „Pan zaopatruje". Musimy odrzucić wszystkie ludzki myśli i posiąść duchową wiarę, dzięki której powiemy „Amen". Czy gdyby Mojżesz nie posiadał duchowej wiary, czy Morze Czerwone rozstąpiłoby się? Czy gdyby Jozue nie posiadał wiary duchowej, czy udałoby się zdobyć Jerycho? Jeśli okazujemy posłuszeństwo tylko w tym, co nam odpowiada, nie jest to posłuszeństwo duchowe. Bóg stwarza coś z niczego, więc jak ludzka siła i wiedza mogą dorównać Bożej mocy?

W Ew. Mat. 5,39-44 czytamy: „A Ja wam powiadam: Nie sprzeciwiajcie się złemu, a jeśli cię kto uderzy w prawy policzek, nadstaw mu i drugi. A temu, kto chce się z tobą procesować i zabrać ci szatę, zostaw i płaszcz. A kto by cię przymuszał, żebyś szedł z nim jedną milę, idź z nim i dwie. Temu, kto cię prosi, daj, a od tego, który chce od ciebie pożyczyć, nie odwracaj się. Słyszeliście, iż powiedziano: Będziesz miłował bliźniego swego, a będziesz miał w nienawiści nieprzyjaciela swego. A Ja wam powiadam: Miłujcie nieprzyjaciół waszych i módlcie się za tych, którzy was prześladują".

Jakże odmienne jest słowo prawdy Bożej od naszych myśli i wiedzy? Dlatego zachęcam was, abyśmy pamiętali, że jeśli mówicie „Amen" tylko na to, co jest zgodne z waszymi ludzkimi myślami, nie dostaniecie się do królestwa Bożego i nie otrzymacie błogosławieństw Jehovah-jireh „Pan zaopatruje".

Jeśli wyznajecie wiarę we wszechmocnego Boga, kiedy doświadczanie problemów, lęków i trosk, to jest prawdziwa wiara. Jeśli macie prawdziwą wiarę, musicie ufać mocy Bożej i oddać swoje problemy w Jego ręce z radością i dziękczynieniem. Niech Bóg będzie na pierwszym miejscu w życiu każdego z was. Okazujcie posłuszeństwo, mówiąc „Amen" na słowo Boże, szukajcie pokoju ze wszystkimi w świętości. Wierzcie w moc Boga, który może wzbudzać z martwych i przyjmijcie błogosławieństwa „Pan zaopatruje". O to modlę się w imieniu Pana Jezusa Chrystusa!

O autorze:
Dr. Jaerock Lee

Dr Jaerock Lee urodził się w 1943 roku w Korei, w prowincji Jeonnam w mieście Muan. W wieku dwudziestu lat dowiedział się, że jest nieuleczalnie chory i odtąd przez siedem lat oczekiwał śmierci bez żadnej nadziei na wyzdrowienie. Jednak wiosną 1974 roku siostra zaprowadziła go do kościoła. Kiedy ukląkł do modlitwy, Bóg uzdrowił go ze wszystkich dolegliwości.

Od momentu spotkania z Bogiem dr Lee pokochał Go ze szczerego serca, aby w 1978 roku stać się Jego sługą. Posłuszny Słowu Bożemu modlił się żarliwie, aby zrozumieć i móc spełniać wolę Boga. W 1982 roku w założonym przez niego kościele Manmin w Seulu w Południowej Korei miały miejsce niezliczone dzieła Boże, w tym uzdrowienia i cuda.

W 1986 roku podczas dorocznego zgromadzenia Kościoła „Jesus' Sungkyul Church" dr Lee został wyświęcony na pastora. Cztery lata później w 1990 roku stacje Far East Broadcasting Company, Asia Broadcast Station oraz Washington Christian Radio System transmitowały jego kazania do Australii, Stanów Zjednoczonych, Rosji oraz na Filipiny.

Trzy lata później w 1993 roku amerykański magazyn Christian World zaliczył kościół Manmin Central Church do światowej czołówki 50 najlepszych kościołów na świecie, natomiast pastor Jaerock Lee otrzymał od amerykańskiej uczelni na Florydzie Christian Faith College tytuł honoris causa teologii (Honorary Doctorate of Divinity) oraz w 1996 roku doktorat z kapłaństwa od seminarium duchownego Kingsway Theological Seminary, Iowa, USA.

Od 1993 dr Lee głosi ewangelię podczas podróży misyjnych w wielu miejscach i krajach: Tanzanii, Argentynie, Los Angeles, Baltimore, Hawaje, Nowy Jork, Uganda, Japonia, Pakistan, Kenia, Filipiny, Honduras, Indie, Rosja, Niemcy, Peru, Kongo, Izrael i Estonia.

W 2002 roku został wybrany przez chrześcijańską gazetę w Korei jako światowy głosiciel odnowy religijnej ze względu na potężne misje, które organizuje. Szczególną uwagę zwróciła jego misja przeprowadzona w Nowym Jorku w 2006 na Madison Square Garden, najsłynniejszej arenie na świecie. Wydarzenie było transmitowane do 220 krajów, oraz Misja w Izraelu w 2009 roku, która odbyła się w International Convention center (ICC) w Jerozolimie, podczas której odważnie ogłosił, że Jezus Chrystus jest Mesjaszem i Zbawicielem.

Jego kazania są transmitowane do 176 nacji przy uzyciu satelity, łącznie z GCN TV. Został uznany za jednego z „10 najbardziej wpływowych przywódców chrześcijańskich" 2009 i 2010 roku przez popularny rosyjski magazyn chrześcijański „W zwycięstwie" i agencję prasową Christian Telegraph za służbę telewizyjną i międzynarodową służbę pastorską.

Od maja 2013 Kościół Centralny Manmin zgromadza ponad 120 000 członków. Ma 10 000 kościołów na całym świecie – 56 kościołów lokalnych, oraz 129 misji w 23 krajach, łączni z USA, Rosją, Niemcami, Kanadą, Japonią, Chinami, Francją, Indiami, Kenią i wieloma innymi.

Na ten moment, dr Lee napisał 85 książek, łącznie z bestsellerami „Tasting Eternal Life before Death" „Moje życie, Moja Wiara" I II, „Poselstwo krzyża", „Miara wiary"', „Niebo" I II, „Piekło", „Obudź się Izraelu!" oraz „Moc Bożą". Jego prace zostały przetłumaczone na 75 języków.

Jego artykuły chrześcijańskie publikowane są w The Hankook Ilbo, The JoongAng Daily, The Chosun Ilbo, The Dong-A Ilbo, The Munhwa Ilbo, The Seoul Shinmun, The Kyunghyang Shinmun, The Korea Economic Daily, The Korea Herald, The Shisa News, oraz The Christian Press.

Dr Lee jest obecnie przywódcą wielu organizacji misyjnych i stowarzyszeń: przewodniczącym kościoła United Holiness Church of Jesus Christ, prezesem misji Manmin World Mission, prezesem stowarzyszenia World Christianity Revival Mission Association, założycielem i prezesem zarządu Global Christian Network (GCN), założycielem i prezesem zarządu World Christian Doctors Network (WCDN), założycielem i prezesem zarządu seminarium Manmin International Seminary (MIS).

Inne książki tego samego autora

Niebo I & II

To szczegółowy opis całego, składającego się z pięciu poziomów królestwa niebieskiego, będącego przepięknym miejscem, w jakim przebywają otoczeni chwałą Bożą mieszkańcy niebios.

Moje Życie, Moja Wiara I & II

Cudowny aromat duchowy życia, które rozkwitło pod wpływem niewyobrażalnej miłości Bożej, pomimo ciemnych fal, ciężkiego jarzma oraz najgłębszej rozpaczy.

Życie Wieczne przed Śmiercią

Książka jest zbiorem przemyśleń i wspomnień pastora dra Jaerock Lee, który został zbawiony od śmierci i prowadził godne naśladowania życie chrześcijanina.

Miara Wiary

Jaka nagroda, korona i miejsce czekają na nas w niebie? Książka stanowi zbiór mądrości o tym, w jaki sposób nasza wiara zostanie oceniona oraz co możemy zrobić, aby ją rozwijać i doskonalić.

Piekło

Książka traktuje o przesłaniu Boga do całej ludzkości, który gorąco pragnie, aby żadna z dusz nie trafiła w otchłań piekielną! Przedstawia znaną tylko nielicznym okrutną rzeczywistość Hadesu i piekła.

www.urimbooks.com

www.ingramcontent.com/pod-product-compliance
Lightning Source LLC
LaVergne TN
LVHW061555070526
838199LV00077B/7049